Seadove

1949 國民黨敗給共產黨的100個原因

羅松濤

不是共產黨把我們打垮了，
是我們把自己搞垮了。

在搞清楚國民黨失去中國大陸的原因之前，
有必要知道，對手究竟是誰？

窮、光、淡，才是國民黨的大敵

序言

上世紀二、三〇年代，國民黨如初升之朝陽，北伐軍一路凱歌高走，讓霧靄沉沉的舊中國撥雲見日。人們由衷地認為，在「民族、民權、民生」三面旗幟的指引下，美好希望會接踵而至地實現，和平、民主、富強指日可待。然而，他們低估了這個民族背負的深重苦難和沉重包袱——兩千年的專制和三、四百年的發展停滯。

一切，都需要時間為代價。但這個時間來得太長，中華民族付出的代價太大！

「國民黨是被自己打敗的。」在敗退臺灣時，蔣介石發出總結性的感嘆。這是國民黨敗給共產黨的主要理由，但絕對不是全部。每個人都依附在時代的列車上，司機、機務、乘務和養路工等固然難辭其咎，但每個人都應該為列車的顛覆或誤點買單。菁英們在引領時代，但無法左右時代前行的方向；菁英不是聖人，他也在摸索和調整，也會犯些許的錯誤；更何況面對中華民族積貧積弱的國民和內憂外患的政權，菁英們只能在狹窄崎嶇的小道上踽踽獨行，一步不慎，即跌入萬劫不復的深淵。

因此，將一九四九年國民黨敗給共產黨的全部責任歸結於蔣介石、歸結於某個團體或派別，都有失公允。初生之國民黨看似意氣風發，但暗殺和小規模起義的政治資本斷然難以服眾，好不容易得來的執政黨位子也是與不同黨派、地方和外國勢力妥協、調和的結果，身子骨不硬的打鐵漢註定不能鑄就堅韌的劍鋒！

國民黨這樣，蔣介石本人也是如此。為了好好執政，他攫取五千年傳統文化精華，還遠渡重洋取經；他殫精竭慮、左右逢源、委曲求全……；總之，他盡力了。

這裡，絕對沒有為蔣介石辯護的意思，作為一代偉人，蔣介石早已走出成王敗寇的陰影而蓋棺論定。我想說的是，理想是美好的，現實是無奈的，一切的理由或許都不是理由，本書的一百條理由歸結到一點——抗戰也好、內戰也罷，都是民族復興所必須經歷的劫數，而大陸的殷殷期盼、臺灣的綿綿鄉愁，不過是歷史長河中一闋令人神傷的詩詞。

目錄

第二章 經濟：蔣介石不是稱職的執行長

第五章 外交：實力不濟，別指望折衝樽俎

第六章 特務：看不見的失敗促成看得見的潰逃

第七章　主義：三民主義，大旗還是虎皮？

第八章　黨權：錯把暫時當永遠

後記

蔣介石與毛澤東合影

第一章

治政：無數次的失誤，造成失敗結局

01.

國家的隱性分裂是國民黨失敗的最基本原因

一九二八年中原大戰結束，東北易幟，中國大部分歸順於國民黨政府。這貌合神離的「形式上統一」比分裂更有欺騙性，實際上，國民黨不得已採用了讓自己陷入危險的不智之舉。

通俗一點說，比如兩人毆鬥，失敗者並不心服口服，而處心積慮地想方設法，所謂明槍易躲暗箭難防，勝利的一方麻煩更多。國民政府的統一在這樣一次次的「化敵為友」過程中完成，最終造成一盤散沙、明爭暗鬥的局面。

比如，東北軍雖然易幟，但掌控東北和華北的絕大多數的省分，最終與西北王楊虎城一起掀起了一個西安事變，差點要了蔣介石的性命。

其他不少地方實力派打著青天白日的旗號，國民黨卻休想做到令行禁止，到了後期，很多地方很快被共產黨瓦解。加上共產黨四處開花的根據地，國民黨政權實難用上統一這個定義，用隱性分裂更為準確。

國家隱性分裂的第一個壞處是讓對手坐大。北伐期間，對手是明的，北伐軍一路上所向披靡，徹底摧毀了北洋軍閥中皖系和直系的統治根基，奉系縮回關內，又受日本威脅，乖乖舉手投降。北洋軍閥服軟了，其他地方割據勢單力薄，只得俯首稱臣。

革命迅速成功，對手們卻躲在「統一」的大旗下暗暗坐大，而共產黨更乘虛而入建立起自己的政權。

對地方實力來說，共產黨無疑是與中央博弈的重要棋子，一則他們可以打著「剿匪」招牌保存並擴張實力，二則與共產黨交好，說不定可以為自己留條後路。五次圍剿中，朝天鳴槍禮送紅軍出境的事情時有發生。到國共內戰時，本就心存二心的軍隊起義倒戈，讓國民黨充分品嘗隱性分裂的苦果。

國家隱性分裂的第二個壞處是讓中央的財政萎縮。一九二八年的中國，能為中央提供財政收入的省分只有全國的三分之一，而這些省分都集中在國家東南國民黨的實際控制區域內，其他受到地方勢力掌控的省分雖然表面上也能為中央提供一份財政收入，但相較於他們的消耗來說，這些收入根本不值一提。「統一」統來一群包藏禍心的叫花子，國民政府幾乎年年赤字，想做什麼都沒有錢。

窮、光、淡，才是國民黨的大敵

國家的隱性分裂還從文化上對國民黨的統治造成了不可低估的打擊。

不管後人如何評說，國民黨在大陸統治的前半段還是給了一定的「民權」，老百姓在言論、出版、集會、遊行、示威等方面，相較於封建和軍閥統治時期還是比較自由的，中國人不自由慣了，一旦放開管制，民主自由便洶湧而來，而國民黨根本就沒有做好管理民主自由國民的準備，動不動就舉起大棒，不但無法抵禦對政府的攻擊，還留下不履行「民權」的口實。

如此三點，足以說明國家隱性的危害，就算國民黨擁有再合法的地位，控制再多的社會資源，也不可能在明暗兩種敵人的聯合進攻中獲得勝利。

02.

以獨裁爭取民主，本身就是個謬論

孫中山很想一鼓作氣取得成功，無奈方法不對，方法找到時間又不允許了。武昌起義攪了大清的局，可能孫中山也始料未及，以至於讓他當大總統都力有未逮。

他不是不想當，但革命多年的他更明白中國的形勢和國情，非袁世凱這樣的強硬人物不足以把持，至少需要他來過渡一下。在中國推行民權，孫中山也看得清楚，五權分立固然是理想的政體模式，但必須經過軍政—訓政—憲政，非如此不可。孫中山的這個民主發展步驟，通俗說來，人民先一切服從和服務於軍事，在國民政府的帶領下對某個地方完成武力占領，是為軍政；之後派員訓練、協助人民學習民主，當人們透過選舉產生縣官、所有的縣實現自治，該省進入憲政階段，可以選舉省長；全國有一半的省進入憲政階段，全國就進入憲政階段，須布憲法，由人民選舉新的中央政府。也就是說，國民必須經歷軍事管理、獨裁統治，才能享用民主蛋糕。

中國老百姓是非常善良和順從的，既然菁英們都設計好了，都照這樣做，蛋糕遲早會吃到口中的。但是，他們沒有看到設計上的兩個漏洞：第一，每個階段的時間沒有規定；第二，誰來監督訓政不被一直訓下去。「軍政、訓政、憲政」，看似簡單的六個字，卻需要一套完整的制度來支撐，但孫中山沒有，老百姓糊里糊塗地上了理想主義者的當，讓一個醉心於權力的人主持訓政，品嘗到的是一個又一個的苦果。

或許，孫中山接受了太多的歐風美雨，夢想後繼者都和他一樣高度自覺，都會仿效華盛頓，打完天下後拍拍屁股就回農場種地。直接從封建社會脫胎而來的國人中註定不會有華盛頓，也不會有第二個孫中山，而像蔣介石這樣的人比比皆是，說得不好聽一點，蔣介石不搞獨裁，會有更多的人在各自的地盤上搞獨裁。當政者有一個好看的幌子——訓政，訓練老百姓從政，教官不嚴厲一點學生豈能聽話？瞧，搞獨裁還冠冕堂皇了。

權與利向來都是結伴而行，由於社會財富總量有限，在缺乏監督的地方，擁有權力的人會享受更多的利益，特別是像中國這種小農經濟長時間主導的國家。在功利主義面前，理想主義不堪一擊，以獨裁的形式來爭取民主，在缺乏強有力監督的前提下，根本是不可能完成的任務。因此，國民黨建國的方針出現了偏差，沿著這個偏差而去，國民黨愈來愈專制，愈來愈腐敗，滑向不可避免的失敗。

03.

獨裁，獨而不裁

國民黨黨政系統的派系紛爭，前面已經說明。居於獨裁之位的蔣介石被時時掣肘，不少黨訓政令受到阻擾，根本貫徹不下去，即便能抵達操作層面，也是變得不成樣子。撇開中央決策這一層，蔣介石在地方統治和軍隊統轄上就更為荒唐。

一九二五年，國民政府只有一個並不完整的廣東，東征北伐兩年後，在南京落腳，占據江南一隅，直到中原大戰、張學良歸順後，才完成形式上的統一。但在很長一段時間內，南京政府實際只能控制原先的江南部分地區，其他諸如兩廣、東北和華北部分地區、西北和西南地區，基本上在地方勢力的控制之下，這些山大王擁有自己的軍隊，還根本不吃蔣介石的那一套，即便順從也虛與委蛇，中央政令鞭長莫及。正如抗日戰爭壯大了共產黨，對日作戰也成全了國民黨，隨著日寇敗北，國民政府順勢接收，大多在國民政府的控制之下。不少地方勢力被日軍和國軍聯合剿殺，蔣介石獨裁起來似乎比以前順暢多了，但別忘了那十多個共產黨的抗日根據地（抗日後順理成章地變為解放區），他們肯定不吃老蔣這一套的。

至於軍隊，除了嫡系，其餘的更是「獨裁」不了。不妨羅列出來，算算有多少個派系。

國民黨統治期間軍隊派系表

名稱	早期領袖	演變及分支	危害程度
中央軍	蔣介石	何應欽系、陳誠系	★
東北軍	張學良		★★★★★
晉綏軍	閻錫山		★★★★
西北軍	馮玉祥	韓複渠叛變，占據山東	★★★★
桂軍	李宗仁、白崇禧、黃紹紘		★★★★
湘軍	譚延闓 程潛 唐生智	何健	★★
滇軍	龍雲	盧漢	★★★
粵軍	李濟深、陳濟棠	餘漢謀系 張發奎、吳奇偉、薛嶽系	★★

名稱	早期領袖	演變及分支	危害程度
川軍	劉文輝	王陵基，唐式遵	★★★★
	劉湘		★★★★
	鄧錫侯		★★
	潘文華		★★
	楊森		★★
	劉存厚	孫震	★★
馬家軍	馬步芳、馬步青	青馬	★★★
	馬鴻逵、馬鴻賓	寧馬	★★★
黔軍	王家烈		★★★
十七路軍	楊虎城		★★★★★
新疆軍	盛世才		★★★
十九路軍	陳銘樞、蔣光鼐、蔡廷鍇	從粵軍分裂	★★★★★
直魯聯軍	張宗昌	徐源泉部	★★
		方振武部	★★★★★
		上官雲相部	★★

這些軍隊除中央軍裡的嫡系部隊外，蔣介石均難以號令，不得不採取直接剿殺、借刀殺人、分化瓦解、軍統手段等方法分別對付。有些根基深厚、勢力較大的軍事首領更把持地方軍政大權，儼然土皇帝，而部分軍隊公然與國民政府為敵，在不同程度上動搖，為中央統治帶來危害。

為鞏固獨裁統治，蔣介石不得不採取非常手段，不斷強化具有法西斯性質的特務組織，這些組織在獲取地方情報、策反、整肅黨紀軍紀等方面為蔣介石做出不少貢獻，但負面影響也是顯而易見的，尤其當中統、軍統勢力膨脹後，大搞暗箱操作和派系鬥爭，將蔣介石的獨裁打了不少的折扣。

綜上所述，要說蔣介石獨裁，簡直有點委屈他了。

04.

外部的敵人不是問題，內部的腐敗才致命！

一九四九年三月，毛澤東在共產黨的第七屆二中全會上講到：「可能有一些共產黨人……經不起人們用糖衣裹著的炮彈的攻擊……。」

這裡所說的「糖衣炮彈」，不外乎權勢、物質等誘惑，是導致腐敗的根源。革命時期的共產黨一貧如洗，對腐敗尤為警醒和重視，對反腐敗一直執行得比較堅決。

反觀國民黨，因為物質條件較好，不但沒有警惕「糖衣炮彈」，很多時候更以此為籠絡人心的手段，坐視自身肌體慢慢腐敗。

以孫中山為代表的大批早期革命黨人，具有較強的防腐性能，即便後期大權在握的戴季陶、陳立夫等人也基本上能做到兩袖清風。

他們不腐敗，靠的是崇高的信仰，但要數百萬黨員用信仰杜絕腐敗，而不進行制度約束，那簡直是癡人說夢。

國民黨的腐敗是從高層開始的，蔣介石等右派起家，與陳其美等江浙財團的支持須臾不可分，當然還有杜月笙等黑社會勢力，為獲取金元支持，蔣介石更休掉老婆，與宋氏家族聯姻，權力與金錢捆綁如此親密接觸，焉有不腐敗之理。蔣介石自己身子都還沒站端正，要想落實反腐制度，矯正身後的影子，可能嗎？即便僅有的反腐行動，不過隔靴搔癢。以北伐為代表的國民革命軍，浴血奮戰的將士們大多抱著革命信念，將自己的利益拋在腦後。

抗日戰爭時期的國民黨，腐敗程度也尚能在控制的範圍內，這時的腐敗主要集中在地方勢力和敵偽區。抗戰勝利後，情況急轉直下，究其原因，國民黨領導抗戰有功，難免居功自傲，權力和欲望不斷膨脹。

這時，「糖衣炮彈」早已列陣完畢，就等目標進入射程。面對大量來歷不明且帳目糊塗的敵偽財產，過了一段緊日子的國民黨接收大員們再也顧不了斯文，房產、金錢、美女一概收入囊中，國民黨洪水潰堤般迅速腐敗，蔣介石殺雞儆猴般的舉措起不了任何作用。正如權和利二位一體，腐和敗也是形影不離的。

為了獲得利益，必須攫取權力、濫用權力；權力帶來豐厚的回報，讓黨政主體慢慢腐爛墮落，敗便潛在其中。

正如細菌和病毒的快速複製和傳播一樣，黨政的腐敗也有傳染性，國軍中不乏優秀將領，也不乏戰鬥力極強的部隊，但「前方吃緊，後方緊吃」，提起腦袋拚命的將士們能想到的是：心灰意冷，不為國民黨賣命！

有句俗語，「光腳的不怕穿鞋的」，因為光腳的不擔心鞋子踩髒或損毀，穿鞋的卻患得患失、貪生怕死。

穿皮鞋的國軍最終被赤腳的共軍打敗，連蔣介石也不得不哀嘆：「不是共產黨把我們打垮，而是我們把自己搞垮了。」

05. 慢慢坐大的「王朝」

慢慢把玩一九四九年以前的國民政府，怎麼看怎麼有明清時代的影子，與孫中山設計的現代國家政體相去甚遠，難怪共產黨要將國民政府稱之為「蔣家王朝」。蔣介石留學日本、遊歷蘇俄，腦子裡還是接受了不少現代觀念，但啟蒙教育是儒家那一套，而當時的中國遠未將與封建的臍帶徹底剪斷，一個怪異的「王朝」在蔣介石的半推半就中完成了。

先看看蔣介石發跡前的人際交往。

一九一〇年，蔣介石與在日本就認識的老鄉陳其美和黃郛成為「拜把兄弟」，一九一六年，在上海與青幫頭目黃金榮、杜月笙等人交往，一九一八年，在上海與張靜江、陳果夫、戴季陶等做投機生意。這一幫患難兄弟日後都成了他的左右手。一九二七年，蔣介石在權力爭鬥中落敗，去日本尋求支持未果，轉而將希望瞄準美國。

蔣介石意識到自己勢單力薄，必須要迅速找到靠山。於是，一紙休書將妻子拋棄，娶了宋美齡，實現與宋、孔兩個大家族的聯姻。如此經歷，猛一看，還真與朱元璋、趙匡胤之類封建帝王的發家史差不多。

再看看蔣介石如何締造「王朝」。打天下離不開兵，孫中山將黃埔軍校校長職務給了蔣介石，黃埔系自然成了他的嫡系，以此為基礎逐步發展起「蔣家軍」，而對蔣介石最親切的稱呼不是委員長，也不是總裁，而是「校長」。為了把軍隊牢牢控制在手裡，蔣介石將最親信的學生委派到軍隊擔任要職，用最精良的武器裝備嫡系。

軍隊「家丁化」是第一步，掌握軍隊後，蔣介石緊鑼密鼓地控制政權。一九二八年，拋出《訓政綱領》，以國民黨中央取代國民政府，加強中央集權；一九二九年，通過《獎慰蔣中正同志案》，強化將全黨一切權力統一於蔣介石的國民黨中央，嚴格限制黨員的言論和行動。「王朝」陰影的威脅立竿見影，但新軍閥的興風作浪很快宣告失敗，蔣介石順勢制定並通過《訓政時期約法》，確認一黨專政和個人獨裁。

為保障對黨、政、軍權的掌控，蔣介石建立了「軍統」、「中統」兩套機構，類似東廠、西廠的特務組織，讓人治漸漸侵蝕本就虛弱的法制；廣大基層鄉村，更推行保甲連坐制度，簡直就是徹頭徹尾的封建專制。

蔣介石對財權的把持也是封建式的。國民政府建立和控制金融機構，中央銀行、中國銀行、交通銀行、中國農民銀行和中央信託局、中華郵政儲金匯業局，這「四行二局」壟斷了國家的經濟命脈，而中央銀行、交通銀行在孔氏家族手裡，陳氏家族則掌握了中國農民銀行，接著又藉助強大的金融實力，透過入股的方式壟斷工商業，「四行二局」實際上操控在蔣介石手中；成為他的吸金器和造幣機。

仔細瞧瞧，蔣介石統治之下的國民政府與「王朝」就只剩了一張遮羞布。

西方野戰軍紅一軍團部分將領

06.

讓李宗仁當總統，只是無聊的政治秀！

一九四八年的冬天，對蔣介石來說格外寒冷。低溫的因素來自於以下幾個方面：

戰局：遼沈戰役結束，東北全境失去；淮海戰役雖然酣戰，但華東大部分已經失控；平津戰役接近收尾，整個地區只剩下北平、天津幾座孤城。

敵方：中國人民解放軍不斷壯大，勢如破竹，反蔣呼聲已經匯聚成巨大的聲浪；共產黨已經把大本營搬到西柏坡，一副進駐攏平，穩坐天下的架勢。

己方：國民黨精銳部隊不復存在，防線節節敗退，國民黨政府陷入彈盡糧絕的境地，國統區風聲鶴唳，和談的呼聲愈來愈高，蔣介石如坐針氈。

友方：帶著拯救使命的宋美齡遠赴美國，卻求告無門，再無昔日風光；而早在夏天，駐華大使司徒雷登就給美國遞交了停止援蔣的建議，入秋後，更接連示意蔣介石退休、下野，與中共和談。

對手：目前手頭兵力最強的華中「剿匪」總司令白崇禧卻咄咄逼人，給蔣介石發出請求下野、停戰議和的「亥敬」電；南京，副總統李宗仁在美國的支持下躍躍欲試，發表和平主張，與白崇禧唱起雙簧；在李、白的授意下，湖北、河南等地大老隨聲附和。

內外交困之際，蔣介石順勢下野，讓李宗仁來收拾這個爛攤子。習慣了王朝思維的蔣介石怎捨得放棄，他回奉化縣溪口鎮老家隱居，不過是玩了一把政治秀，前臺的主角變成幕後導演。

為方便工作，最高軍事統帥部搬過來，顧祝同、何應欽等要員搬過來，國民政府的軍令政令還是蔣介石發布，小小的溪口鎮一時成為政治中心，只苦了各方辦事的大員。

蔣介石一廂情願地認為自己手裡還有牌，抬出李宗仁不過是暫避風頭，爭取時間。一方面陳誠經營多日的臺灣已初具規模，退有了容身之地；另一方面，寬闊的長江可作為阻擋解放軍南下的天險，畢竟對方沒有軍艦和大船；再則，長江以南還有不少國字型大小的軍隊，加以整肅也不是沒有取勝的機會。

蔣介石一面關注和談進程，一面部署防範大計，暗地裡更為第三次「復出」做準備。蔣介石「復出」的把戲已不鮮見了，第一次復出，用八個月的時間取得北伐勝利；第二次復出，奮鬥十四年打敗小日本。有了前兩次成功經驗，本就迷信的蔣介石以為還是能夠從事業的谷底走上波峰。

可惜的很，已經做好一切準備的共產黨沒給蔣介石機會。一九四九年四月二十一日，毛澤東和朱德發布《向全國進軍》的命令，中國人民解放軍百萬雄師強渡長江，蔣介石苦心經營的長江防線瞬間瓦解。

幸虧蔣介石留了後路！只是，這一去，再也沒有回來。

07. 鏡花水月的憲政

從《中華民國臨時約法》到《五五憲草》，從《政協憲草》到《中華民國憲法》，無可否認，國民黨在制憲上還是有過努力。

為平息國內的反對呼聲，也為了使統治合法化，按照憲法的規定，國民黨將一九四八年定為「行憲年」，召開國民代表大會，選舉總統和副總統，組建以行政、立法、司法、考試、監察五院為基本架構的政府機構。

由於宣傳不到位、蔣介石本來就沒有誠意和國民黨內部爭鬥等原因，中國現代史上這次煌煌憲政之舉，最終淪為一場鏡花水月的政治表演。

從國民大會籌備委員會到「選舉指導委員會」，從蔚為壯觀的一千六百多名代表到煞有介事的投票，本次「行憲國大」好像莊重而正規，但三幕鬧劇將戲法的遮羞布徹底掀開。

第一幕，大會前爭奪「代表資格」的表演。因民眾棄選導致提名代表落選，國民黨中央命令這些「民選代表」出讓資格，於是，一場以「國法」對抗「黨紀」的爭鬥開始了，鬧得不可開交。

第二幕，讓胡適競選總統。因憲法限制了總統的實權，蔣介石寧願當行政院院長，準備推胡適當總統。蔣介石的心腹們立刻提出《請制定動員戡亂時期，臨時條款案》，賦予總統至高無上的權力，並將推蔣介石登上總統寶座。

第三幕，副總統幾度難產。與蔣介石爭總統，少有人自不量力，但副總統的位子還是可以搏一搏的。在各方勢力的較量下，孫科和李宗仁暗中角力，經過四次投票才將李副總統選出。

在吵吵嚷嚷中，「行憲國大」歷時三十四天、耗資無數，終於落下帷幕，總統是選出來了，但破壞了國人期待的「憲法」，加深了蔣桂矛盾。即便這樣，以「行憲國大」為中心的憲政運動還是有不少收穫。

最主要的收穫是推行了軍隊國家化，即軍隊屬於國家，以維持國家安定統一和政治民主，這至少對國民黨的黨國政治有所瓦解，蔣介石的軍權也或多或少受到國防部的限制，為民主提供了一些保障。

由於「戡亂臨時條款」對憲法的破壞，內戰甫開，蔣介石便動用總統特權干預憲政，有蔣介石心腹掌控的軍隊，也不可能不聽命於蔣介石，軍隊國家化便止於文字。軍隊國家化廢除了軍隊中的黨務組織，使手握兵權的將領們更為所欲為，動輒不停號令，讓蔣介石的作戰計畫多次成為廢紙。

解除黨禁報禁、賦予人民各種權利的直接後果是反對叫罵聲一片，蔣介石便動用軍警及秘密力量加以限制扼殺，在臺灣則實行長達三十餘年的戒嚴。短時間的憲政雖如鏡花水月，只無形中加快了國民黨失敗的步伐，但中國國民至少有了憲政的啟蒙。

08. 司法審判，還是權力說了算

一九二八年，國民黨頒布《中國國民黨訓政綱領》，通過《中華民國國民政府組織法》，成立行政、立法、司法、考試、監察五院制國民政府。司法院由廣州國民政府時期的司法行政委員會改組而來的司法部擴大而來，下設機關為司法行政部、最高法院、行政法院和公務員懲戒委員會，行使最高司法權。自此，與政治、經濟、文化、教育一樣，司法制度改革也取得一定成效。

發展的步伐止於全面抗戰，司法改革陷於停滯，司法制度無法有效執行，司法審查在戰亂中慢慢腐敗。抗戰結束，國民政府深感司法之弊，派人去國外取經，大力改革，司法界有過短暫的興奮，但隨著國內和平破壞，司法不振，腐敗愈烈。

完善的司法制度可以限制權力的膨脹，是社會良性運轉的保證，卻為不良官吏所忌憚。國民政府是一個多災多難的政府，新軍閥作亂、抗日戰爭、國共內戰接踵而至，各種小規模戰亂更時有發生。對於司法，政府實在不想也提供不出更多的財力和物力支援，而要對手握兵權、常年征戰以衛國安民的軍事集團履行常規的司法程序無疑非常困難，當政府人員迅速腐敗、特務組織暗中干預，司法的功能便一天天弱化，漸漸成為權貴手中的工具。

一九四六年，劉侯武彈劾周演明案，廣東高等法院和檢察院如烙鐵在手。何也？劉侯武是監察院長于右任的親家，兩廣監察使。周演明為孫科門下之人，任珠江航政局局長，在任期間貪汙腐敗，已經被狗咬狗上告。監察御使來頭不小，不管三七二十一，先將周局長拿下，劉侯武一度成為新聞人物。法院旋即開庭，「劉御使」提交了被告賄賂他的贓款，並立即與之撇清關係，被告卻咬定兩人關係密切，且抖出「劉御使」的老底子，利用職權貪占數十萬華僑物資。法庭上又開始了狗咬狗，媒體介入，熱鬧非凡。「劉御使」深恐偷雞不著蝕把米，趕緊找關係找出路。

檢察院和法院反覆商量，拿出了一個折中方案，對被告反訴案，依照「不告不理」的原則不予起訴。對周演明貪汙案從輕發落，輕判處有期徒刑一年六個月。周演明不服，四處鳴冤叫屈，請主子孫科幫忙，而「劉御使」有于右任撐腰，這時候權力介入，司法讓位，博弈的結果是維持原判，「劉御使」案不了了之。

此案僅為司法腐敗個案，到國民政府後期，司法腐敗已達到病入膏肓的地步。蔣介石深感不安，但忙於「戡亂」無暇顧及。亂世用重典，前提是用典之人有生殺予奪的權力且潔身自好，蔣介石獨而不裁且本身就違背司法的行為，何況用典的群體過於龐大，對於司法腐敗只能聽之任之，甚至寄希望於「道德救助」，既然只停留在道德層面，那誰還將司法當回事呢？

09. 暗殺，並非治病的萬靈丹

國民黨有暗殺的傳統，人盡皆知。彭家珍、汪精衛、王亞樵、蔣介石……，殺手們被國民黨奉為英雄，不少人一殺成名。在革命的初期，暗殺確實能收到實效，特別是彭家珍炸傷良弼（不治而死）直接促成清廷退位。但暗殺一發不可收拾，國民黨以為是解決問題的萬靈丹，但實際上卻如飲鴆止渴，每殺一個人即引來更多的反對者。

一九一二年，革命黨人陶成章反對孫中山，被蔣介石所暗殺。孫中山深表悲痛，不能說對背後黑手一無所知，而後來重用蔣介石，無疑是助長了暗殺和內訌。一九一三年，即將出任內閣總理的宋教仁被暗殺，國民黨不加調查便將罪名加在袁世凱頭上，發動了倒袁戰爭。幕後兇手究竟是誰，至今尚有爭議。一九二五年，廖仲愷被暗殺於國民黨中央黨部，負責調查的蔣介石趁機將有重大嫌疑的胡漢民逐出廣州，坐收了派系鬥爭的漁翁之利。

這幾次暗殺均發生在國民黨的內部，是爭權奪利背景下的洗牌，雖然對國民黨肅清反對者有幫助，但加深了派系爭鬥，這種爭鬥一直貫穿始終。如果說這幾次暗殺對國民黨本身還有那麼一點好處，接下來針對國民黨外部人士的暗殺則更有殺雞儆猴的作用。

一九三三年，中國民權保障同盟副會長楊杏佛遭國民黨特務襲擊，中彈身亡。楊杏佛原本在國民黨內做事，因親共而被撤職，後與宋慶齡、蔡元培等人組織中國民權保障同盟，營救共產黨人和愛國人士。在蔣介石看來這種人該殺，於是戴笠出馬，「殺楊儆宋」。楊杏佛去世，中國民權保障同盟被瓦解，蔣介石拔出了眼中釘，但民眾尤其是大批民族菁英看到了國民黨對民權的破壞，推波助瀾的加速了左翼的形成和鞏固其地位。

一九四六年，為和平民主奔走呼號的民盟執委李公僕、西南聯合大學教授聞一多被殺。因抗戰而麇集大批知識分子的「民主之鄉」昆明並沒有因為兩人的去世而絲毫消停，反而激發了更大的憤怒，全國學潮風起雲湧。重慶談判後，國共內戰一觸即發，只取決於誰先扣動扳機。但來不及了，社會震驚，民主無望，共產黨抓住這個機會大做文章，部分中間人士徹底失望，開始支持內戰，國民政府陷入極為被動的境地。

這是國民黨暗殺史上較為突出的幾次，其他諸如針對共產黨、不聽話的軍方和地方割據勢力的暗殺則不勝枚舉。究其療效，這些暗殺甚至連金瘡膏都不如，不但不能治表傷，反而殃及內臟，而國民黨卻幼稚地將其奉為包治百病的靈丹妙藥，豈不可笑。

10. 武力解決不了問題

以武力起家的蔣介石崇拜和迷信武力，也憑藉武力解決了反動軍閥和不少地方武裝，但片面推崇武力不但只能治標不能治本，還會放鬆武力之外的文治，尤其對信仰至上、組織嚴密、植根基層的共產黨更是如此。

一九二七年，汪精衛被共產國際蒙蔽，與共產黨人陳獨秀發表聯合宣言，解除蔣介石國民革命軍總司令職務；張作霖在蘇聯大使館查獲蘇聯指揮顛覆中國政府的底。再不採取行動，國民黨好不容易得到的政權就姓「共」了，於是，蔣介石動用社會幫派和軍隊，第一次對共產黨使用武力。剛開始，蔣介石頒發「戰時戒嚴條例」，密令各省「清黨」；接著，向上海的工人糾察隊採取行動。

上海總工會號召工人學生請願，蔣介石終於痛下殺手，刀下亡魂多了三百人、失蹤五千多人的「四一二」事件。屠刀揚起便收不住了，廣州、廈門、福州、寧波、南京、杭州、長沙等地，陸續開始緝捕、屠殺共黨。

三個月過去，汪精衛獲悉蘇俄準備分化國民政府幫助共產黨奪權的計畫後，也仿效蔣介石對共產黨大開殺戒。

這次大規模的武力行動造成國民黨難以估量的損失，特別是縣、鄉基層組織被瓦解，留下了致命傷。共產黨被清理出去，並損失慘重，但共產黨醒悟過來，發動南昌起義，組建軍隊開始武裝革命。從此，國民黨寢食難安，直到在大陸失敗。

蔣介石對共產黨及其軍隊頻頻用兵，將其趕到偏遠的陝北，隨即到來的全面抗戰讓共產黨得已有喘息機會。即便在一致對外的形勢下，國民黨還是發動了三次反共高潮，小打小鬧更是難以計數。

在關於建立抗日統一戰線的談判中，蔣介石一方面承認中國共產黨的合法地位，一方面企圖藉改編紅軍的機會招安共產黨，無奈共產黨不肯答應。眼睜睜地看著八路軍和新四軍一天天壯大，國民黨肯定如魚鯁在喉、欲除之而後快。

一九三九年，國民黨「五中全會」提出「容共、防共、限共」的思路，在這一方針的指引下，針對共產黨軍隊的武力行動又開始了。

國軍先後在華北、山東、陝西等地對八路軍採取軍事行動，並打算借日偽力量消滅八路軍，但共產黨早有防備，不但擊退了國軍的多次進攻，還公布了國軍的罪行，蔣介石損兵折將，還得承擔破壞抗戰的罪名，這個啞巴虧吃得不淺。對南方的新四軍，國軍更沒有手軟，製造了以「確山慘案」和「平江慘案」為代表的殺戮，更於一九四〇年對安徽的新四軍大舉進攻，留下震驚中外的「皖南事變」。

雖然共產黨的軍隊受到不少損傷，但事實證明，共產黨不同於新舊軍閥，八路軍和新四軍也不同於日軍和地方武裝，對他們僅用武力是不夠的。

割共產黨的人頭就如割韭菜，看似輕鬆，實則沒有斬草除根，假以時日又茂盛生長起來。

11.

被濫用的借力使力

借力使力是太極拳的重要原則，將矛盾統一，以達到陰陽相濟、強本固體的目的。在民主革命早期，沒有軍事實力的孫中山就是一位太極高手，他借助軍閥反封建、打軍閥，結果未達到目的，只得著手發展自己的軍隊。蔣介石拿過接力棒，由於革命力量暗弱，國內四分五裂且反動勢力強大，又等不及苦練內功，便師承孫中山借力打力技法。

在掌握政權之前，蔣介石將這一技法運用得十分圓熟，也取得了時效。比如借蘇俄的力量進一步發展壯大軍事實力和國民黨組織；與宋美齡聯姻借江南財閥的財力和美國的支持，借青幫之力「清黨」，借「左派」和「新右派」之力鞏固在黨內的地位；採取封官許願等辦法，借各新軍閥之力打擊割據勢力等等，終於建立其形式上統一的國民政府。或許在傳統的太極拳法上嘗到甜頭，蔣介石愛不釋手，將借力打力發展到濫用的地步。在黨內，他讓陳氏兄弟成立中統，收拾不聽話的異己分子，中統實力壯大後，又扶持軍統對抗中統，結果弄得兩敗俱傷。對付共產黨及其紅軍，在三次圍剿中，他並不使用嫡系，而先後派魯滌平的第九路軍、蔡廷鍇的第十九路軍、王金鈺的第五路軍、孫連仲的第二十六路軍、朱紹良的第六路軍等雜牌軍與紅軍作戰，以期達到兩敗俱傷、而後各個擊破的目的，但是這些地方武裝要麼不經打，要麼與共產黨暗通，戰局接二連三地失敗不說，紅軍愈戰愈勇，蔣介石最終不得不親自出馬收拾殘局。長途追剿時，蔣介石依然借力打力，但王家烈、劉湘、劉文輝這些山寨王，比狐狸還狡猾，自然是出工不出力，眼睜睜地讓紅軍四渡赤水、強渡大渡河，過雪山草地。到了陝北，蔣介石還在打借刀殺人的如意算盤，讓西北軍、東北軍「剿匪」，共產黨和這些地方大老早已看穿把戲，玩起了貓捉老鼠的遊戲，共產黨不但剿而不滅、悄然壯大，還把西北軍和東北軍爭取了過去，釀成幾乎不可收拾的「西安事變」。到了國共直接對壘階段，蔣介石還念念不忘太極技法，把非嫡系的雜牌軍頂到前面去，結果是共方的根據地和軍事實力均不斷壯大，而國軍軍心渙散，很多將領寒了心，乾脆舉起義旗跑到共方去。

深諳中華傳統文化的蔣介石不是不知道吃一塹長一智的道理，也不是不明白借力打力的害處，之所以一次次故技重施，實在是無奈之舉。但兵法之道的核心是「詭」，在於靈活多變，老套路用多了，借的力和被打的力都心知肚明，這法子就不靈驗了。當借的力和被打的力和稀泥合成一體後，蔣介石苦心孤詣保存下來的實力漸漸處在了下風。

美國著名記者斯諾和周恩來、鄧穎超合影

第二章
經濟：蔣介石不是稱職的執行長

12. 姓資還是姓社，一直都沒搞清楚

在中國同盟會成立之初，孫中山就提出了三民主義。作為「社會革命」綱領的民生主義，隨著革命的進程不斷豐富和完善，其根本目的是基於舊中國民窮國弱的狀況，無力發展資本主義，實現中國經濟的近代化。無疑，孫中山建立的資產階級政黨，領導的革命也是資產階級革命，但孫中山在長期的國外遊歷中發現，資本主義社會的弊端和底層人民的苦難，於是，在闡述民生主義時兼顧了勞動人民的福祉。因此，孫中山的民生主義就帶有濃烈的社會主義色彩。民生主義的主要內容是土地與資本，對於土地，孫中山提出「平均地權」和「土地國有」的解決方案，但規定「現有之地價仍歸原主所有，其革命後社會改良進步之增價，則歸於國家，為國民所共用」，即土地增值部分歸國家所有。對於資本，孫中山的解決方案是「節制資本」和發展「國家社會主義」。孫中山的初衷是好的，似乎一下子解決了發展和均衡問題，但在實際操作中難免矛盾。

首先，當時中國大部分土地在封建地主手裡，靠他們自覺申報現有地價，本身就是不可能的事情；地主不出讓和買賣土地，增值部分從何而來呢？掌握權力的資產階級不可能平均地權，百姓期待的土地改革在國民政府統治之下遲遲不能進行，土地那些事還是封建社會的模式，生產力被嚴重束縛，土地紅利便不可能實現，土地國有說到底還是少數地主所有。

其次，節制私人資本和發展國家資本在總體經濟尚不發達的階段是不可能實現的，沒有活躍和發達的私人資本，國家資本的發展也只能是空談。國家沒錢，又不允許過度發展私人資本，最終結果是共同貧窮。在一窮二白的基礎上奢談「國家社會主義」，最終只能學來一些法西斯的形式，而沒有辦法舉全國之力發展經濟。

在孫中山時代，三民主義尚能曖昧地實行，也取得了一定成績，國家甚至拋出了龐大的《失業計畫》。隨著代表封建地主和官僚資本的國民黨右派掌權，民生主義中的資本主義成分被限制，社會主義更無從談起，社會性質到底姓資還是姓社，根本就是一筆糊塗帳。

國民政府連社會性質都沒有搞清楚，更遑論發展經濟了。共產黨則不一樣，剛一成立就從馬克思那裡拿來社會主義和共產主義，雖然經濟總量很低，但歷來有「不患寡而患不均」的廣大民眾，在官兵（民）平均的現狀下安之若素，並且在「共產」的誘惑和「土改」的眼前利益鼓舞下，當然能團結起來，發展生產，改善民生，為革命的最後勝利奮鬥不止。

13. 自顧不暇，還管得了經濟？

國民政府從成立的那天起，一直戰亂頻仍，國民黨更派系紛爭，發展經濟有心無力，先看看國民政府都經歷了哪些大事：

一九二一年，中華民國軍政府改組為正式政府。

一九二二年，孫中山誓師北伐失敗，轉而東征、平定陳炯明叛亂。

一九二四年，國民黨召開第一次全國代表大會，辦黃埔軍校，共產黨向國民黨內大肆滲透。

一九二五年，孫中山病逝，中華民國國民政府成立。

一九二六年至一九二八年，北伐戰爭，直至取得勝利，國家統一，「清黨」。

一九三〇年至一九三五年，對共產黨和紅軍展開五次圍剿和長途追剿，日本以「九一八事變」為標誌，逐步侵吞東三省。

一九三六年，西安事變。

一九三七年至一九四五年，盧溝橋事變，日本全面侵華；抗日戰爭開始，直至取得勝利。

一九四六年至一九四九年，國共內戰。

國民政府每年都要經歷戰爭，不是內憂就是外患，即便被譽為大發展的「黃金十年」（一九二七年至一九三七年）仍勞師動眾展開戡亂，沒有和平，國民黨和政府鞏固政權都忙不完，八年抗戰和國共內戰更舉全國之力，哪談得上經濟發展。

黨和政府高層無暇自顧，各級政府組織發展經濟肯定心不在焉，民眾尚且朝不保夕，更不可能發家致富了。壟斷了國家經濟命脈的金融首先服從和服務於軍事，寧可將金融資本投資吹糠見米的商業活動和投機生意，根本不會著眼見效慢、週期長的民族工業。民族工業受戰亂、政策不穩定和軍政打壓，一直處於風雨飄搖之中，民間資本盡可能地緊縮，不願意去實業投資。

據統計，國民政府時期，投資實業的外國資本占了百分之七十至八十，只吸引了百分之二十左右的國家資本和民間資本，外國資本當然不可能為國民政府創造財富。以國家建設支柱和國民經濟主要指標的鋼鐵業為例，一九三五年的鋼鐵產量僅在一九二七年三萬噸的基礎上增加了二萬噸，而到一九四八年，中國鋼產量共計七百六十多萬噸，且有六百多萬噸的產量為日占區提供。裝備國防的大量鋼鐵不得不依賴進口，讓本身就薄弱的經濟更是雪上加霜。

抗戰結束，各類實業一片蕭條，由於日本人的破壞和國民政府本來就沒有做好接收準備，以致本來可以為國計民生提供動力的原日占區實業幾近癱瘓，大批從業人員失業，民不聊生。一年時間不到，短暫的和平不復存在，國民政府又投入到大規模的內戰之中，經濟發展則只能自生自滅了。

共產黨則不然，戰爭以外從來沒有停止經濟建設，早在井岡山時期就大力發展工商業，到陝北更展開以大生產運動為代表的經濟建設，成功規避了國民政府的經濟封鎖，為恢復民生、取得軍事和政治勝利奠定了基礎。

14.

國民黨的失敗是在為大清朝買單！

晚清國民生產總額（GDP）占全世界的百分之十一，位居全球第一。對缺乏史證的網路傳播，不信也罷，但長期實行閉關鎖國的大清朝，長時間處於貿易順差是不爭的事實。到了清末，雖然接連遭遇內亂和外患，軍費和戰爭賠款耗費了國庫，但社會上還是出現了原始資本主義，國家的經濟總量一直處於上升狀態。更何況，國民政府剛建立就宣布廢止與列強簽訂的所有不平等條約。因此，這裡要說的國民黨為大清朝買單，並不是償還錢款欠帳，而是為約束經濟發展的繩索買單。

繩索一，沒落的政治制度。延續二千年的封建中央集權制，到了清朝更發展為閉關鎖國，重農抑商，老百姓被長期禁錮於一畝三分田，形成沒有創造性和發展觀的小農經濟。雖然有師夷長技以制夷思想的啟蒙，但現代法律體制遲遲沒有建立，社會缺乏基本的法律意識，保障近現代經濟建設的各項條件都不具備。

繩索二，落後的經濟制度。清末的經濟制度極不完善，政府管理水準低下，沒有基本的稅收管理和財政預算，政府經常出現寅吃卯糧的現象，官員維持奢華的生活，貪汙受賄盛行，有「三年清知府，十萬雪花銀」之說。因此，當時的中國是個制度極不發達、政府能力極低的國家。稅收缺失使得政府沒錢，基礎和公共設施建設嚴重滯後，許多諸如修橋補路之事往往要靠豪紳的善舉，更談不上扶持經濟發展了；國家遭遇耗資巨大的戰爭，便採取厘金制來彌補，這種重複收稅大大限制了貿易，阻礙了工商業的發展。

繩索三，清末的中國政府高度集權，所有大規模的工商活動均被政府壟斷。近年來影視作品中頻頻出現的晉商、徽商，看似腰纏萬貫、匯通天下，但朝廷一道聖旨立刻便能使其傾家蕩產。經濟發展所需要的自主經營、自由競爭喪失，要想將企業做大做強，只能是一個夢想；而苦心經營的企業家們，一門心思是賺錢、買地買房，不能也不會為企業的發展壯大和經營創新謀劃。

繩索四，沒有現代經濟，卻有發達的壟斷。政府的特權經營讓民營經濟只能在夾縫中求生存，而民營資本為求得發展往往尋求政府的庇護，於是成功的商人多為亦官亦商、官商勾結的紅頂商人，轟轟烈烈的洋務運動更是官商結合的高峰。這種模式直接的結果是經營的壟斷，而壟斷對自由經濟的損害不言而喻，間接的後果是官僚資本在中國根深蒂固，最終危害國民政府的經濟發展。

清朝迅速滅亡後，國內動盪、政權不穩，國民政府接手時國家的經濟發展和清末沒多大區別。解開上列繩索需要花費大量時間和精力，當稍稍鬆綁時，國民黨的元氣也消耗得差不多了。

豫海縣回民自治政府的財政委員，從圖中我們可以看出，這些官員都穿著農民工的衣服。

15. 窮、光、淡，才是國民黨的大敵

國民黨政府從組建到完成國家形式上的統一，財政權都只能在蘇、浙、皖、閩、贛五省有效，絕大多數財政支出得靠在江浙一帶拆借解決。可以說，國民政府從成立的那天開始，過的就是苦日子。國民黨政府推行了統一財政金融、鞏固封建土地所有制、推進新式工礦業的三條經濟措施，以期快速解決捉襟見肘的窘境。系列經濟政策直接服務於國家壟斷資本，這是蔣介石最喜歡的結果，但對國家來說，卻為禍甚烈。

金融改革方面，國民黨政府建立四大國有銀行和郵政儲金匯業局、中央信託局，用紙鈔法幣取代金屬貨幣，其成績值得肯定。但最終「四行二局」成為官僚買辦控制國家經濟命脈的工具，法幣成為利益集團掠奪財富的工具。

維持和鞏固封建土地所有制，不但破壞了孫中山的民生主義主張，還將底層百姓徹底拋棄，國家喪失了龐大的執政基礎和根本的生產力。「耕者有其田」的條款被廢除，政府充其

量限制地主的地租，農民沒有得到任何實惠，生產積極性不高，國家缺乏龐大的消費市場和經濟生產的民間資本，只能愈來愈窮。

國民政府不輸血還抽血，採取農產統制的辦法搜刮民財，當然經濟學家和執政者初衷是在農村建立和發展國家資本，服務民生主義中的遠景目標。政府在中央設立全國經濟委員會，對蠶絲、棉花、食糖、糧食、茶葉、菸草等幾種主要農產品的產供銷實行「統制」。農產統制也帶來了一點好處，如引導農民改良品種和生產方式、避免盲目種植、促進行業合理化、消除中間商的剝削等，但毫無疑問它的副作用是明顯的，管得過寬過死的計畫經濟，必然限制生產和經營的自由和活力，也為國家壟斷、官員掠奪財富埋下禍根。到了後期，政府官員利用專購專賣權，肆意左右市場，將國家的錢塞進私人腰包。

國民黨政府對實業發展寄予厚望，政府設有建設委員會、實業部、全國經濟委員會、國防設計委員會等眾多負責經濟建設的部門，但收效甚微。政府用於建設的資金少得可憐，長期戰爭影響生產，政府管理人員心不在焉，如此種種，使國民政府的經濟建設嚴重滯後。

如果說剛建立之初的國民政府只是「窮」，接著，壟斷集團的掠奪和政府不作為讓國家出現「光」的景象；到最後，舉國上下的民眾又「窮」又「光」，根本看不到前途和希望，原本對政府存在幻想的心也慢慢「淡」了。心淡了，還有什麼事情能做好呢？

16. 財政預算，我偏不按照這個來！

我們知道，從地方政權最初的四分五裂到表面歸順，國民黨在大陸實現的只是隱性統一，在很長時間內，部分地方勢力依然各自為政，表現在財政上，地方大老們看牢搖錢樹，抓緊錢袋子，伸長乞討手，國庫空虛、中央財政苦不堪言。於是，在戡亂和爭鬥的同時，國民黨開始清理和整頓經濟。國民政府懂經濟的專家不少，如宋子文等一大批留洋金融家和經濟學家，經濟法規和政策措施迅速制定出來，但要落實、統一財政、增加收入就麻煩了。

一九二八年，北伐成功後為解決財政問題，國民黨政府連續開了幾次全國性財政經濟會議，主題繞不開兩個：財政、稅收。會議的收穫頗大，在設立中央金庫、全國財政預算決算、加強財政監督、區分地稅和國稅、改革幣制等方面，形成一系列現代財政制度，並在當年的國民黨中央全會上通過了「統一財政，確定預算，整理稅收……」的建議案。第二年，國民黨三大宣布進入「訓政時期」，將以上制度確定下來。

國民政府逐步推行系列經濟措施，是必須的也有積極意義，但中央設立財政部，總攬稅務、幣制和財政等大權，權柄控制在蔣介石手中，財政部長實質上成了獨裁者的大內總管。蔣介石的如意算盤打得不錯，但要收回地方財權，讓他們執行中央的預算和決算，何其艱難！連傻子都明白錢的重要，遑論這些人精山寨王了。他們自行收稅、安排財政、發行債券，根本不聽中央的那一套，蔣介石沒辦法，只得動用槍桿子或借力打力，地方大老們才勉強交出財政權。國民政府真正統一財政，已是一九三七年的事了。

在不大力發展經濟、不藏富於民前提下的財政改革，只能暫時緩解中央和地方在財政收支上的矛盾。改革剛開始不久，新問題就出來了，各省掌握財權和稅收權，縣級財政無處著落，稅費一度多如牛毛，採取財稅收支措施後，縣財政問題解決了，但苛捐雜稅並未減少。抗戰前，國民政府財政雖然捉襟見肘，尚在控制範圍內，戰爭爆發後，大量的軍費開支和國民政府貪汙腐化，蔣介石啟用戰爭緊急法案，讓地方稅收實際上成為國民政府的提款機。

有世界一流金融家、經濟學家們參與制定的政府財政預算，在執行中阻力重重。由於戰爭推進而不斷增加的軍費開支是無法預算的，蔣介石大權在握，可以隨意增加預算，如中統、軍統這些特務機構的組建及活動就需要一筆龐大的支出。地方政府手裡的錢被收走了，哪顧得上中央預算，想收就收，想支就支，陪著國民黨一起玩完。

17. 沒錢算什麼？讓印鈔廠加班印出來！

民國伊始，幣制混亂到無以復加的地步，嚴重阻礙了經濟發展和商業貿易。一九三三年，國民政府頒布《銀本位幣鑄造條例》，推行廢兩改元（以單元貨幣銀元替代稱量貨幣白銀），銀兩逐漸退出歷史舞臺。

此時，發達資本主義國家為轉嫁經濟危機，大搞貨幣貶值，特別是美國提出白銀法案，致使國際市場上白銀價格迅速上漲，中國銀元和資金大量外流，物價暴跌，國民經濟面臨崩潰。

一九三五年，國民政府趕緊實施貨幣改革，強行推出法定的紙鈔：「法幣」。法幣取代了中國古老的貨幣，徹底的貨幣改革旋即受到社會各界的認同，法幣迅速在全國流通。法幣的發行和流通振興了國家經濟，更暫時彌補了政府的財政虛空。

紙幣這玩意是把雙刃劍，對外，可以緩解美國等西方國家轉嫁過來的經濟危機，但由於政府先後向英國和美國舉債，法幣不得不看英鎊和美元的臉色行事；對內，法幣穩定了戰時（抗日戰爭）經濟，但國民政府在法幣上嘗到甜頭，一發不可收拾，國家沒有錢，就加班印鈔，結果市面上紙墨存量大增，貨幣嚴重貶值。

從一九三七年到抗戰結束，法幣總量由十四億元增加了四百倍，達到五千五百六十九億元。內戰開始，國民政府沒有其他辦法解決日益惡化的財政問題，只得又開動造幣機，這一次，國民政府瘋狂了，法幣總量暴增四十餘萬倍，達到六百六十萬億元，而物價上漲更是驚人，達到戰前的三千四百九十二萬倍。國民政府的財政政策陷入無法自拔的惡性循環中。

從日本占領區解放出來的老百姓，還沒來得及揚眉吐氣，國民政府不准使用偽銀行貨幣的命令給了當頭棒喝：偽幣與法幣的比率為強制性的二百比一，也就是說，原淪陷區價值十萬元的房產，一下子就縮水到五百元。

老百姓的感覺是，日子還沒有日本人在的時候好。

物價飆漲，人心惶惶。蔣介石再也不能坐視不管，國民政府於一九四八年再次實施幣制改革，以金圓券代替已經無用的法幣，以行政干預物價。在嚴格保密前提下，以每一元兌換法幣三百萬元的二十億金圓推向市場。

金圓券對穩定物價帶來一點回光返照的作用，旋即，國民政府的金融市場就像已病入膏盲的病人奄奄一息了。

加重病情的原因有二，迅速出現的外匯黑市和搶購風潮。市面上值錢的是美元和金條，而柴米油鹽等生活所需和日用品得趕緊庫存。

人們對政府的幣制改革完全失去信心，金圓券與不久後在中國大陸黯然謝幕的國民黨一樣，因抵不上製作成本的可憐面值，只好慢慢地淡出人們的視線。

陝甘寧省豫海縣回民自治政府軍營糧食庫房

18. 接收敵偽財產，是一場瓜分盛宴！

日本占領大半個中國，日偽政權控制了經濟發達的省分，在日本的殖民統治之下，發展戰時經濟，相對貧瘠落後的西部地區服從和服務於戰爭已一貧如洗，過了多年苦日子的國民黨政要們早已將目光瞄準了前淪陷區。

抗戰勝利後，國民黨政要高舉接收大旗，視原淪陷區的一切產業為敵產，將接收變為「劫收」，變為暗中貪汙和公然搶劫，一場政府主導的合法接收變成了私產的瓜分盛宴。大半年光景，國民政府在蘇浙皖、湘鄂贛、粵閩桂、冀察熱、魯豫晉、東北和臺灣等七個接收區接受敵偽物資法幣六千二百億元，而透過各種貪占變成私產的是這個數字的好幾倍。

在這場大餐中，吃頭輪的是軍統和中統等特務組織，他們本來就在敵占區，早利用明的和暗的手段，將許多敵偽資產劃到自己名下；接著是位於前線的部隊，兵過如洗，現鈔、細軟被悉數收入囊中；還有部隊指揮機關和接收委員會，他們可以堂而皇之地接收或劫收，待政府行政部門姍姍來遲，餘下的也就是一些價值不多的不動產和殘羹冷炙了。國民政府的接收不但層次豐富，還機構重疊，最有油水的上海，居然冒出了近九十個接收機關。於是，重複接收，搶劫接收，不一而足。面對各種財產，接收人員先是與地痞流氓勾結非法搶劫，後來名正言順地合法搶劫，為了搶到值錢的東西，各部門爭相動用手中的權力，有權的用權，有槍的放槍，釀成了不少流血事件。凡被敵偽占用的產業，不管業主是誰，一律視為財產，許多合法財產的擁有者，一不小心便被誣為漢奸，動輒坐牢砍頭。

如此糟糕的情況，與國民黨的黨治混亂和政府內政腐敗一脈相承。國民黨歷來無法做到令行禁止，對缺乏強有力監督機制的見錢眼開者，草率的接收方案一無是處。即便有監督機制也毫無用處，因為在這場瓜分盛宴中，以蔣介石為首的四大家族無疑占了大部份，其次是為蔣介石立下汗馬功勞的特務組織，再次是那些抗戰有功的官兵，他們理所當然地侵吞本來屬於國家和人民的財產。瓜分盛宴的後果是，個人吃飽了，百姓餓著肚皮，國庫依然空虛，後來國統區的「三反運動」頭一個反的就是饑餓。

一九四九年後，共產黨帶領軍隊逐步接收國統區，按常理，與吃香喝辣的國民黨相比，這群窮光蛋更容易貪汙腐化，恰恰相反，瓜分盛宴沒有出現，全國秩序井然，人民在共產黨的帶領下，很快走上發展經濟、恢復生產的軌道。兩相對照，勝負已經明瞭。

19. 上到委員長，下到保甲長，都在挖國家的牆角！

前淪陷區占據了大部分繁華富庶之地，又在日偽的經營下，形成了以軍事工業為導向、初具規模的工業基礎，基礎設施相對完善，本來可以成為國民經濟恢復和發展的強有力支撐。但國民黨不這樣，可以這樣說，從獨掌大權的蔣介石到基層官吏，都在挖國家的牆角而中飽私囊，這樣的黨國豈能不敗？

挖牆角手法最高明的蔣介石統治之下的中央政府，僅以一比二百的比率用法幣強制兌換偽幣一項，讓原日偽統治區的財富一夜之間姓了蔣。在敗逃的前夜，蔣介石還不忘狠狠地對國家挖上一鋤頭，一九四八年的財經緊急處分令，用金圓券低價強行收兌黃金、白銀和外匯券，當金圓券大幅度貶值，又拋出官價黃金，這一進一出，老百姓手頭百分之七十五的財富全跑到國民黨的口袋裡了。

以四大家族為核心的官僚資本一方面成為蔣介石挖牆腳的工具，一方面也從未停止挖牆腳行動。居於金融壟斷地位的四大銀行，迅速接收敵偽的金融機關，完成對全國金融近百分之八十的壟斷。在接收地方的工業方面，四大家族不甘示弱，在資源委員會的招牌下，有大量的家族企業，如宋氏家族的中國紡織建設公司、陳氏家族的中國蠶絲公司等，占據了國統區絕大部分工業。在國內外貿易方面，四大家族也完成壟斷。壟斷經營對經濟的害處不用贅述，蔣介石及核心官僚們更藉助這些壟斷組織控制經濟命脈，一步步將國家掏空，變成私人資本。最終的結果是，以蔣介石為首的四大家族擁有巨額財富，但失去的是在大陸的政權。

國民黨的各級官吏，貪腐盛行，不但悄悄蛀空國家柱石，還導致吏治腐敗、民生喪失，充當了自我毀滅的掘墓人。處於政府底層的保甲長，歷來為後人詬病，實際上保甲長為國民黨的基層統治貢獻不小，卻僅有極少的辦公經費和薪俸，要應付沒完沒了的「兵役、糧款、禁政、戶口、修路、栽樹……」，還有不少公私接待，再加上不少保甲長出身土豪劣紳和地痞流氓，挖牆腳的事情想避免也不行。保甲長處於官僚金字塔的最下層，權小位輕，但最接近老百姓，挖牆腳更為直接和低劣，其攤款派糧的花樣和手段，可以寫一本厚厚的演義。政府上層人員對此非常清楚，但上樑不正下樑歪，有那麼多具體工作需要保甲長去落實，實在無法督察，只得任由胡作非為，讓其挖走支撐國民黨牆角的最後幾塊磚石。

20.

前方吃緊，後方緊吃

一九四四年，在太平洋戰爭中節節失利的日軍垂死掙扎，發動了打通中國大陸交通線的豫湘桂戰役，戰役以國軍的迅速失敗宣告結束，日本占領了大半個中國。這次千里大潰敗，是抗戰以來國民黨「前方吃緊，後方緊吃」亂象的又一次明證。前方為何吃緊？

從台兒莊等幾次大仗來看，裝備落後並非唯一因素。軍隊的問題在於將領「怯懦、虛偽、貪汙」，而在軍紀方面，不少部隊參與賭、毒、走私，與商人、黑社會勾結，家眷隨軍等，讓這樣的軍隊上前線，不「吃緊」反而成了怪事。

當全國人民勒緊褲腰帶抗日的時候，腐敗的官僚集團一刻也沒有放鬆發國難財的機會。國民黨的大官僚們並不看好中國的抗戰，透過各種手段攫取財富並存到國外，不算存入英國、南美、巴西、瑞士的白銀和貴重物品，僅被美國凍結的中國官僚存款就折合黃金八百多萬。存款較多的當數宋靄齡、宋子文和宋美齡。

在抗日戰爭最艱苦的階段，國民黨官僚揮霍「緊吃」的財富。一九四三年，孔祥熙和宋靄齡之孔二小姐乘專機去美國結婚，其所需費用和嫁妝可救濟一萬多饑民、為兩個師添置軍裝；令人髮指的是，一九四一年運送國民黨政要的機組裡，居然有一架滿載孔家二小姐的箱籠和進口狗。各級官吏上行下效、爭相腐敗，耗費的是人民的血汗和前方將士的白骨。

後方「緊吃」主要表現為猖狂的商業投機，戰爭是囤積居奇獲取高額利潤的大好時機，不少官僚直接參與或支持商業投機、走私販毒。他們中間不乏蔣介石、孔祥熙、戴笠這樣的人物，投機便無孔不入。沒有機會或功夫投機的，便直接貪汙，他們採取吃空額、扣糧餉、賣官鬻爵等辦法，大肆斂取錢財。蔣介石讓財政部劃撥的「特別費」逐年遞增，到一九四五年高達財政總支出的百分之三十八・三三；蔣介石公款私用，成了變相財政部長，這些錢雖然用於特務組織和秘密開支，但因其管理混亂，又有多少沒有私用呢？

對於這些行為國民黨高層不是失察，參政會也不是沒有彈劾，而是根本沒辦法查，一則上文所說蔣介石等政要本身就是涉案人員，二則犯案者與高層關係密切，辦案者搞不好搬起石頭砸自己的腳，乾脆睜一隻眼閉一隻眼，反正吃的又不是自己的。好在反法西斯同盟已經建立，外援不斷，而中國能吃的東西實在不少，隨便前方後方怎麼吃，最終吃出一個勝利來。一年後，面對共產黨，國民黨和軍隊還是吃性不改，只能兵敗如山倒了。

21. Show me the money，國民黨高層對美援的迷信！

中國宣布對德義日宣戰，加入世界反法西斯同盟，遭受珍珠港偷襲後的美國，出於戰略考慮，在宋氏姐妹的斡旋下，決定援助中國。一九四二年，美國國會批准無條件向中國貸款五億美元；在軍事裝備方面，美國與中國簽訂《租借協定》，向中國提供價值三十五億美元、共六十個師（後又追加了三十個師）的軍用物資。一九四二年底，美式裝備陸續進入國軍，第一期是國內的三十個師與駐印軍六個師，後來蔣介石得罪了美國，第二期就只得到三個師的裝備。

抗戰結束的開始階段，中美蜜月尚未結束，美國在不到一年的時間內向中國提供了價值七億八千多萬美元的援助物資，主要是軍事裝備，集中於海軍、空軍與後勤保障方面。

按照美國的計算，他們給國民黨的援助累計達四十五億美元。因抗戰期間美軍駐防中國，修建軍營、機場、軍事基地及吃喝拉撒均花費不菲，這些錢款均由國民政府墊付，戰爭結束後，經過多次與美方交涉，決定用病床、繃帶、鋼盔、鐵絲網、藥品、軍械等軍用物資充抵，不應該包括在援助之內。要知道，當時美元在中國國內是僅次於黃金白銀價格的強勢貨幣，市值是相當好的。源源不斷的美元讓「窮、光、淡」的國民黨政府看到了希望，而射程快、火力強的美式武器無疑讓國軍實力大增。在美國的援助下，中國不但通過了經濟難關，且取得了對日作戰的初步勝利，國內特別是國民黨高層對「美援」達到癡迷的程度。但是，美援不是萬能的，更不是天上落下的餡餅，對援助的迷戀而放棄自力更生，最終只能追悔莫及。美國肯定不會白白給予，國會之所以批准援助中國，第一，美國需要維護自己的利益，珍珠港事件後，美日交戰，迅速打敗日本，美國不可能不利用中國牽制，如果日本滅了中國，美國要想解決太平洋戰爭最終戰勝日本的困難就更大；當蔣介石不答應派由美國訓練的遠征軍接收東北時，沒有就翻臉，將存放在昆明、本來給予國軍的部分武器裝備損壞。第二，美援不全是白給，有的是貸款，有的背後有諸如《中美友好通商航海條約》這樣的附加條件，中國是在以長期利益換取眼前利益。第三，也是較為可惡的是，美國將槍枝、坦克、大炮等裝備給國軍卻不提供彈藥，這些彈藥消耗極大的武器簡直就是美國軍火供應商的金牌銷售員，國民黨在付錢的同時還不得不受制於美國。援助者如此，受援者也不爭氣，要嘛截留、要嘛貪腐、甚至倒賣美援物資，美國一氣之下，乾脆一元也不給了。

22. 打蒼蠅，不打老虎的控制物價之策……

一九四八年，法幣貶值的一文不名，物價飛漲到無法承受的地步，國統區國民經濟岌岌可危。蔣介石秘密召見一票人等，籌備最後一次幣制改革。

八月二十日，財政部長宣布幣改，用金圓券代替法幣，並以八月十九日的物價標準凍結全國物價（「八一九防線」），為防止擠兌，要求全國銀行、證券公司、銀號、錢莊等停業三天。這個病急亂投醫的改革方案，不過是對老百姓的又一次變相掠奪，不但無法遏止物價，還因走漏消息而導致新一輪物價上漲和搶購。

消息洩漏的蛛絲馬跡來自上海的《大公報》，稱十九日有人從南京來上海，拋售了三千萬股永紗股票，獲利四、五千億元。獲知這一消息，財政部部長、上海金融管理局局長著急了，新官上任的上海區經濟管制副督導員蔣經國更高度重視，決定破案，抓個典型。順藤摸瓜，來此交易的李國蘭和財政部資料室秘書陶啟明浮出水面，陶啟明則供出消息來源人財政部秘書長徐百齊。大案告破，主犯徐百齊、陶啟明獲刑各七年，財政部長遠赴美國避禍，一場破壞幣制改革的驚天大案就這樣了結。

不了結又能怎樣，陶啟明只是不小心浮出水面的蝦米，很多高層早已知曉幣制改革的秘密。比如改革前，宋子文就低價套購大批糧食，待價而沽。「八一九」防線雖然築好，但大批奸商囤積貨物，市場上無貨可供，物價依然上漲，金圓券快速貶值。

為控制物價，「太子」蔣經國奉蔣介石的《財政經濟緊急處分令》，展開「打老虎」行動。一批貪汙、投機案告破，奸商和背後黑手得到懲治。轉眼到了九月份，上海經濟監察局在某倉庫查獲大批囤貨：上百輛進口汽車及零配件、藥品、進口商品和其他貴重物品，堆積如山，這批貨屬孔令侃的揚子公司所有。「只打老虎，不拍蒼蠅」的蔣經國不留情面，決定拿表弟老虎開刀。可是，當天晚上，宋美齡就接到孔家打來的救命電話，並於第二天飛赴上海，在蔣介石夫婦的干預下，孔令侃毫髮無損地去了美國。

非但孔大老虎不能打，就連個頭稍大的蒼蠅也不能拍，一大批貪汙分子和投機分子，只要國民黨高層出面干預，一般都不了了之。

國民黨腐敗若此，退路只剩下了唯一的一條。

年輕時的毛澤東

第三章
軍事：戰略錯了，怎麼打都沒用！

23. 國民黨不知道自己對的是「農民起義」！

在搞清楚國民黨失敗的原因之前，有必要知道，國民黨政府到底是一個怎樣的政府，對手究竟是誰？

一九四四年，郭沫若在重慶發表著名的《甲申三百年祭》的文章，內容為李自成攻入北京滅亡明朝的歷史過程。這篇文章有三個隱射：蔣介石（崇禎）、國民黨政府（大明朝廷）、毛澤東（李自成）。

蔣介石對此並不在意，毛澤東卻非常重視，不但多次提及此文，還反覆告誡共產黨要吸取李自成農民起義軍的教訓，不可驕傲自滿等。

《甲申三百年祭》可能提醒了毛澤東，西方共產主義理論體系不可能在中國原版，只能在自古有之的農民起義中注入一些元素，對於以農民為主體成分的共產黨的軍民來說，「建設社會主義」只是一個口號，這和「蒼天已死，黃天當立」、「均貧富，免貴賤」、「均田免糧」等口號從本質上來說並無區別，說穿了，共產黨代表的是當時中國占據百分之九十人口以上的農民階級的利益，共產黨奪取政權的戰爭，實際上依舊是一次農民起義。熟讀經史的毛澤東才會將李自成的大順軍和共產黨的解放軍聯繫起來，並將李自成的事例引以為戒，最終擊敗了國民黨，奪取了政權。

蔣介石不但沒有認清共產黨的真相，甚至沒有認清國民黨的真相。國民政府表面上看是資本主義，本質卻和大明朝有很多相似之處，比如如出一轍的獨裁和腐敗。

中華民國雖然是資本主義的政府，但自由經濟從頭到尾都弱得可憐，政府最重要的收入來源依然是田賦。如此來看，國民政府依然是封建地主階級政府，只不過多了幾個官僚買辦，與封建王朝無實質區別。有了這種認知上的偏差，在其後的較量中，出現戰略決策錯誤就不足為奇了。國共內戰階段，蔣介石實際上是以應對蘇聯十月革命工人暴動的模式來進行的戰略部署，認為只要將所有的大中城市控制在手中，就能有效的遏止共產黨的擴張，並逐步對盤踞在農村的共產黨進行剿殺。

於是，蔣介石藉助美國的力量，空投、海運，在城市排兵布陣。蔣介石的戰略部署很快達成，卻忽略了尚未想到進城、扎根農村搞土改的共產黨，小看了對手農村包圍城市的戰略。

其實，國民黨在軍事方面最大的失敗就在於：他們並不清楚，共產黨「掀起」的這場暴亂並不是新派的工人起義奪取，而是最老套的農民起義。而解決農民起義即便以軍事手段達成了，自身也會元氣大傷，對待農民起義，只有採用政治和經濟手段才能從根本上發生效果。

24. 陣地戰陷入游擊戰

所謂游擊戰，就是化整為零、以小股部隊不斷襲擾敵人，重點針對重要目標和後勤部隊，打完就撤，讓敵人防不勝防、疲於奔命。游擊戰與其說是共產黨的法寶，還不如說是其不得已為之的戰術。共產黨的紅軍及根據地草創階段，裝備落後、力量弱小，游擊戰是最好的選擇。憑藉對游擊戰的靈活運用，打退了國軍的四次圍剿。

第一次，在毛澤東的帶領下，紅軍「大步進退，誘敵深入，集中兵力，各個擊破，運動戰中殲敵人」，取得活捉第十八師師長張輝瓚的勝利。

第二次，面對國軍十八個師另三個旅、二十萬人的大軍，紅軍制定了由西向東、先打弱敵、各個擊破的作戰方針，僅用半個月的時間取得勝利，並擴大了中央根據地。

第三次，三十萬國軍在蔣介石總司令的帶領和德、日、英軍事顧問的協助指揮下，氣勢洶洶地撲來，毛澤東不慌不忙，帶領三萬紅軍，採取誘敵深入、避敵主力、先打弱地的方針，殲滅國軍七個師。

第四次，蔣介石集結四十萬兵力，「分進合擊」，圍剿共產黨的中央蘇區，紅軍依然採用主動撤離、以退為進的游擊戰術，很快吃掉對手兩個師，並將改為中間突破的陳誠給擊敗。

第五次，蔣介石調集一百萬大軍，採取「堡壘主義」新戰略大舉圍剿，紅軍犯了左傾錯誤，以陣地戰代替游擊戰和運動戰，兵敗逃跑，開始長征。

前五次後一次對比，共產黨終於發現游擊戰的正確，並迅速確立毛澤東的領導地位，游擊戰被發揚光大為運動戰、麻雀戰、破襲戰等多種形勢，成為共產黨敵後抗戰和擊敗國軍多次進攻的有效戰術。

游擊戰一用就靈，陣地戰一用就敗。什麼原因呢？陣地戰，指戰鬥雙方建立各自的陣地，依靠戰壕等工事進行消耗作戰。陣地戰的前提是交戰雙方力量懸殊不大，比如國共內戰時期的三大戰役，就是以殲滅有生力量為主的陣地戰。當敵人過分強大，不恰當地採用陣地戰，失敗是料想中的事。

對付共產黨和紅軍，蔣介石對國軍的實力信心滿滿，動輒大軍壓境，沒有耐心玩游擊戰。國軍好像強大，又有美式裝備，但在平原作戰尚可，偏偏紅軍大多躲在山溝，小股部隊機動靈活，大部隊則移動遲緩，何況那些習慣坐在指揮車上看軍事地圖的國軍將領本就不喜歡鑽山溝，蔣介石對延安的圍攻就很能說明問題；紅軍不但屢屢取得勝利，還不失時機地拓展、鞏固根據地。這些根據地將一把把楔子插進國統區身體的每個部位。

不管獅子還是大象，能忍受零星的蚊叮蟲咬，絕對架不住迅速繁殖的蚊蟲的撕咬。

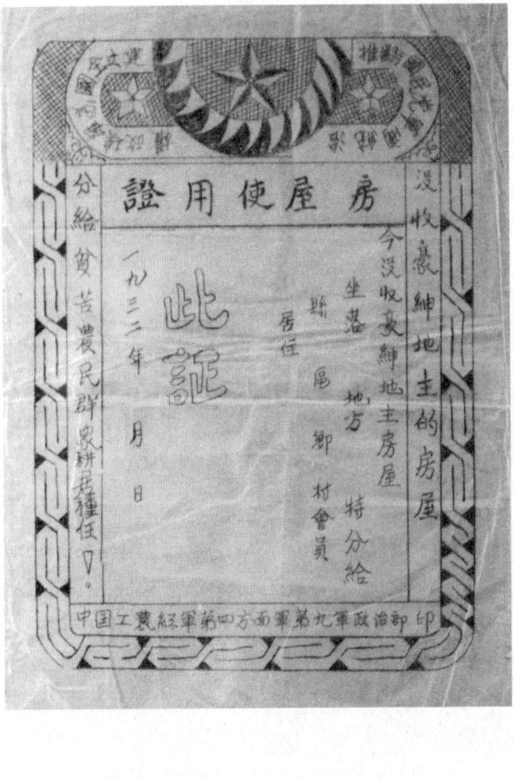

25. 速決戰遭遇持久戰

筆者至今想不通的是，蔣介石在對日作戰上能有「以空間換取時間」的戰略，為什麼就不能採取持久戰，非得追求速戰速決？或者輕敵，或者自尊心作祟，或者……？

速決戰表現在戰略、戰役和具體的戰鬥中，對共產黨的戰爭中，蔣介石的錯誤在於，前期本該用「速決戰」的戰略；後期則是犯了「久拖不決」的戰略錯誤。

對付共產黨，蔣介石一開始就沒有長期作戰的準備，希望透過一、兩次戰鬥就解決全部問題。

本章第一節提到，蔣介石不知道自己面對的是農民起義，妄想讓共產黨將紅軍與國軍陣前對壘，共產黨卻偏不上這個當，扎根農村，藏身大山，與蔣介石玩起持久戰。正如急性子抓蝨子，縱然暴跳如雷欲求速決，卻往往適得其反。

如果蔣介石認真了解一下速決戰，對付共產黨始終貫徹軍事進攻為輔，以經濟封鎖、政治攻勢為主，採取堡壘政策，對根據地分割包圍，讓共產黨和紅軍無處躲藏，然後分而殲之，共產黨的前途還真無法料想。

第五次圍剿取得勝利後，共產黨和紅軍失去根據地，國軍本應一鼓作氣解決問題，但蔣介石低估了共產黨的生存能力，貫徹借力使力的方針，以期達到既打敗共黨又有削弱地方勢力的目的，但地方軍隊消極作戰，將速決戰變成了持久戰，結果眼睜睜地讓紅軍突出重圍，又在延安建立了根據地。

一九四五年，共產黨以十萬精銳搶占東北，占據了很多城市和戰略要地，姍姍來遲的國軍明顯處於劣勢。

但戰爭往往充滿變數，習慣了游擊戰的共軍主動放棄了很多城市，將國軍放進口袋，準備在四平將其圍殲、重創。也許在以前的交手中勝數太多，共產黨對國軍的戰鬥力估計不足，特別低估了國民黨新一軍、新六軍、七十一軍以及青年軍二零七師這些美式機械裝備的部隊。

戰鬥進行得比想像的要快，在一個多月的時間內，國軍即完成了在四平的戰鬥，並將共產黨的東北聯軍趕到了哈爾濱，東北大部分已在國軍的掌握之中。但就在實施速決戰的最佳時機前，蔣介石下達了停止進攻的命令。

窮、光、淡，才是國民黨的大敵

學界有種說法，蔣介石迫於國共和談之美方代表馬歇爾的壓力。但是，抗戰期間可以趕走中國戰區美軍司令史迪威的蔣介石，在這生死存亡的關頭，恐怕不會任由美國人指手畫腳。值得注意的是，四平慘敗幫了共軍忙，蔣介石誤以為經過國軍特別是經過抗日遠征的美械部隊實力強大，讓共軍望風而逃，暫時放共軍一馬料其也成不了氣候。

速決戰又變成了持久戰，這一拖就是四個月，共產黨在東北的軍隊得到修整，最終發起決定國共勝負的遼沈戰役。

26.

恰當的高參應對不恰當的局勢等於失敗

在國民黨發動對共產黨實際控制地區的進攻時，國民黨特地請了一位大牌高參：尚在戰犯監獄服刑的前侵華日軍將領——岡村寧次。在國民黨看來，岡村寧次曾經在華北透過鐵壁囚籠的戰術，牢牢限制了共產黨游擊隊的發展，並且給予共產黨的武裝較大的殺傷，是對付共產黨的不二人選。

為此，國民政府甚至幫助岡村寧次洗脫戰犯罪名，大事化小，小事化無，讓這個在中國華北地區實行三光政策（搶光、殺光、燒光）、滿手血腥的日軍戰犯重新獲得了自由。

國民黨的戰略部署與高參人選表面上是恰當的，是對症下藥，因為在內戰初期，國民黨和曾經的日軍情況非常類似，國民黨控制了城市和交通線，而共產黨則控制了城市周邊的農村，在這樣的情況下，採用岡村寧次的囚籠戰術應該會有較好的效果，但國民黨雖然動了腦筋，做到了知己，卻依然沒有做到知彼。他們忽略了共產黨武裝的一個巨大變化。

以東北地區為例，在抗戰時期，共產黨組織的東北抗日聯軍在關東軍的重重剿殺下，最終死傷慘重，抗聯殘部不得不退入蘇聯境內，從那以後，東北的游擊戰就徹底陷入了沉寂，東北抗聯的失敗從側面證明了游擊戰術的局限性，即能有效的殺傷和騷擾敵人，卻難以有效的動搖敵人的統治，若無法真正爭取到百姓支持的話，游擊戰也是難以持久的。

而在國共內戰時期，共產黨東進東三省，國民黨則以精銳的第五軍為主，但這次，國民黨卻先勝後敗，這與共產黨的策略調整有極大的關係。

在共產黨剛剛進入東北之初，人生地不熟，雖然接收了不少關東軍的武器裝備，但和在東北的國民黨軍隊的美式裝備並沒有可比性，所以初期的硬碰硬中，林彪率領的東北民主聯軍吃了不小的敗仗。

共產黨吃了敗仗後，反而冷靜下來，不在軍事上做文章，反而開始在民政上著手爭取民眾的支持，在共產黨的主導下，東北開始土地改革，共產黨沒收地主的土地，將之分配給無地的農民，一下就挑起民眾的積極性，有了看得見摸得著的好處，東北民眾對共產黨的擁護達到了頂峰，大量分到田地的東北農家子弟踴躍參軍，並且勇敢作戰，硬是憑藉著劣勢的裝備，打得杜聿明的精銳之師丟盔卸甲，不得不退入關內。

以上情況表明了共產黨策略的變化，在抗戰時期，共產黨提倡的是抗日民族統一戰線，所以，對於地主們，共產黨不敢貿然沒收他們的土地，只能採用懷柔政策來爭取他們的支持，而手上沒有實際利益可以分配的共產黨，雖然在抗日的旗號下能爭取到民眾們的部分支援，但這種支援也是有所保留的，所以抗聯在日軍的重兵圍剿下節節敗退。

一句話，民眾並未被充分發動起來，是抗聯失敗的關鍵。而到了國共內戰期間，共產黨不再對地主們客氣，直接抄家分田，分到土地的農民只有拋棄保留和幻想，跟著共產黨一起造反，而一旦有了利益的牽扯，戰鬥力大增也就不足為奇了。

共產黨有了這樣的變化，國民黨卻依舊拿抗戰時期的老眼光來看待共產黨，焉能不敗？所以即便岡村寧次對付游擊戰再厲害，面對來勢洶洶的共產黨軍隊，也依然只有徒呼奈何……。

27. 一流的士兵都在厭戰！

國民黨在軍事上的失敗，一個極為重要的原因是軍隊厭戰，士氣低落。經歷八年抗戰，國民黨軍隊厭戰情緒相當嚴重，雜牌國軍常發生臨陣起義，投降的現象自不必說，就連蔣介石的嫡系部隊裡，那些一流的士兵也不想打仗。

說國軍不經打，只能指那些收編的地方武裝和雜牌軍，如果將這句話用在蔣介石的五大嫡系主力上，就大錯特錯了。

排在五大主力部隊之首的是整編第七十四師，師長張靈甫，該師接受過美國特種訓練，被蔣介石樹為軍中典範，一直充當蔣介石的御林軍。

新六軍，軍長廖耀湘，該軍全副美式裝備，在印緬抗日戰場獲戰功無數，號稱「天下無敵」。

新一軍，軍長孫立人，該軍為中國駐印軍主力「天下第一軍」，美式裝備並由美國訓練，在緬甸斃敵無數，戰功赫赫。

第五軍，誕生了新一軍和新六軍，是國民黨政府組建最早的一支現代化的裝甲部隊，有「鐵馬雄師」的美譽。

第十八軍，首任軍長陳誠，全副美械裝備，美式訓練，是一個老牌勁旅。提起這些軍隊和首長，日寇聞風喪膽，共軍也不敢小覷，但為何在國共內戰中都以失敗告終呢？

撇開其他諸多外界因素不論，士兵的厭戰是落敗的主要原因。這些一流的士兵，接受世界一流的裝備和軍事訓練，都經過了抗日戰爭的洗禮，軟硬體都堪稱一流，但是軍心渙散了，戰鬥力大大下降。

國共內戰違背了士兵的意願。八年抗戰，舉國上下苦苦支撐，這些一流的士兵與日寇浴血奮戰（不少士兵遠赴外國作戰），眼巴巴盼望的就是早日回家（回國）與家人團聚，過過太平日子。日本投降後，士兵們有過短暫的慶祝和歡愉，但一紙命令又將他們調到前線。雖然說軍人以服從為天職，但軍人不是機器，違背意願的非正義戰爭不得人心，也不得軍心。士兵們再也沒有抗日時血灑疆場的豪邁，有的只是自己人打自己人的憋屈，戰鬥力肯定打了折扣。

部隊動員不力，士兵前途渺茫。與共產黨「打倒蔣介石，解放全中國」的政治鼓動不同的是，國民黨幾乎沒有什麼政治宣傳和動員。普通士兵扛槍領餉，不可能像蔣介石的學生們那樣誓死效忠校長，並且剛剛打了八年，到底還要打幾年，戰爭何日是個盡頭，誰也說不清楚，大夥在苦苦地挨。

況且勝負難料，眼看軍隊、政府如此腐敗，國民黨並不勝券在握，再有個別共黨分子鼓動，士兵不生二心才怪。

軍紀不嚴，政令不行，渙散了士兵的心。軍隊的戰鬥力靠強有力的紀律來保證，但到了戰爭後期，軍紀不過一紙空文，軍統和憲兵能管得住軍官，管不住一線士兵。在對待俘虜方面，國軍也有自願的政策，但沒人執行，比較一下共軍對俘虜的優待，軍心不渙散似乎不大可能。

28. 三流的將軍各懷心思！

士兵如此，將軍們又如何呢？國民黨人才濟濟，戰將如雲，不少軍官誓死效忠黨國，具有良好的軍事素質和指揮才能，不但能為保家衛國拋頭顱灑熱血，而且在民國政府大廈將傾之時，也能保持情操，戰鬥到最後一刻。

不管後人如何宣傳，那些心懷鬼胎、貪生怕死，最後投靠共黨的，十之八九是二三流的將軍。他們大概有如下幾種：

潛伏在國軍中不折不扣的共黨分子。如十七路軍中的趙壽山，官至三十八軍軍長，在中條山抗日一戰成名；西北軍中的張克俠，馮玉祥的連襟、蔣介石授予中正劍的將軍，集團軍副司令員等。他們在國軍為官，卻接受了馬克思列寧主義，秘密加入中國，成為潛伏在國軍中的「敵人」，是死心塌地的共黨分子，鐵了心的為埋葬國民黨而努力，對國軍破壞性最大。

贊同、嚮往或同情共黨，於公於私與共黨保持聯繫者。代表人物為張治中、高樹勳。張治中算是國軍中的老前輩，曾任淞滬警備司令、省主席和西北行政長官，在兩次和平談判中都出任國民黨代表。此公兩邊討好，表面上服從蔣介石，又與周恩來、毛澤東保持很好的關係，這種和稀泥的人適合談判，卻不堪擔負國家要職。

第二次談判不成，此公便發表聲明脫離國民黨，至少在共黨這邊弄了個西北軍政委副主席當。高樹勳，新八軍軍長，曾在後來舉行寧都起義的二十六路軍中擔任師長，與當時軍中的共黨分子有過來往。此公一直處於觀望之中，並暗中與共黨保持來往，剛與共軍摩擦時就率部起義，給國軍注入了一針鬆散劑。

見風使舵，趨炎附勢者。他們最早是共黨，國民黨暫時取得成功後，即脫離共產黨加入國民黨，當國民黨大勢已去，又跑回共產黨那裡去。

比如歷任省主席、國民黨中宣部長的邵力子，擔任二十二兵團司令的郭汝瑰。他們看似圓熟通透，實則奉行見利忘義、明哲保身的人生哲學，即便最終歸降了共黨，早已被認定有了反骨，不可能再居要職。好在共黨「懷柔天下」，要放在蔣介石這邊，可能早就被軍統秘密解決了。

分析形勢，識時務者為俊傑。傅作義是這類代表，他們對黨國還是比較能盡職盡責完成本職工作，但非蔣介石嫡系，又不善於投機鑽營，只能靠本事吃飯。但到了戰爭格局基本定型的後期，從大義、私利等角度思考分析，最終放棄抵抗。

還有一種根本沒有什麼思想和主義，只顧個人私利，當國民黨政權倒臺、無路可走時，立刻繳械投降。

以上種種，各有心思，各打算盤，一個軍隊再強大也招架不住這些人窩裡反或自毀長城！

29. 不入流的統帥在胡亂指揮！

見國軍的軍事失敗完全歸咎於蔣介石，說他是一個不入流的統帥，未免失之偏頗。曾留學日本軍校的蔣介石，早年帶領國民革命軍東征北伐節節勝利，軍事指揮才能不可謂不卓越。後來，蔣介石獨裁黨政軍一切事務，日理萬機，縱然有超人的智商，也不能是神仙下凡；特別是到國共對壘的關鍵時期，還用二十多年前的老套路越級指揮，就不能避免犯瞎胡鬧的錯誤。

帶兵打仗，是先帶兵後打仗，北伐時期蔣介石一直帶著以黃埔軍校為班底的革命家，打起仗來自然輕鬆。內戰時期，老蔣早已不帶兵了，對每個部隊的軍事實力、戰場上瞬息萬變的戰況，只能透過彙報資料了解，要做到運籌帷幄、決勝千里之外何其難也。可是他偏偏不信邪，偏要坐著飛機，放著那些將軍不用，非得一個戰場一個戰場地指揮，眼睜睜地看著失敗。

一九四八年，在「三年來戡亂檢討會」上，蔣介石將軍事失敗的原因算到各級將領的頭上，卻不認真檢討自己的指揮失誤，更不接受將領指出的越級指揮和報告制度弊端。

我們知道，與共軍相比，國軍存在軍紀渙散、各自為政、協調不力、部分將領存有二心等問題，但無論如何，越級指揮乃兵家大忌，何況蔣介石不帶兵打仗已經好多年了。

作為軍事最高統帥，職責是制定全局性的作戰方略，保證各方軍隊的統一協調，為部隊提供後勤保障等，這些工作做完後，就坐在辦公室聽彙報，監督戰役的進展情況就可以了。但蔣介石卻太不相信自己的將領，在制定作戰計畫時不尊重前方將領的意見，具體實施時更一意孤行，導致前方指揮不靈，經常被動挨打。

對遼沈戰役，蔣介石的計畫是把瀋陽國軍主力撤至錦州，以便與華北傅作義配合，兼顧東北和關內。負責東北戰局的衛立煌力主固守瀋陽、長春、錦州三大戰略要點，保全東北，此方案得到廖耀湘等東北將領的支持。

此時，老蔣著急了，生怕親共的衛立煌有其他想法，只給衛立煌留下一個軍一個師，將大部分兵力和重型火力部隊統編並交給廖耀湘準備撤退錦州。為保證計畫的實施，蔣介石兩次飛瀋陽，還讓杜聿明空中指揮。

如此一來，衛立煌堅持固守瀋陽，蔣介石要求幫助奪錦州，廖耀湘想撤退營口，國軍舉棋不定，坐失良機，直到共軍解決完錦州問題包抄過來，國軍才慌了手腳。論軍事素質和指揮能力，衛立煌和廖耀湘都無可挑剔，論軍事實力和作戰能力，東北國軍有取勝四平的戰例，但就是這種瞎指揮，讓國軍最精銳的廖耀湘兵團十多萬被消滅殆盡，喪失了在東北的主動權。

這種胡亂的指揮一直延續到淮海、平津和渡江戰役，前線指揮官被鉗制手腳，士兵如無頭蒼蠅，打敗仗是避免不了的。

30. 東北勝利局勢是這樣斷送的！

多年來，東北三省在張作霖父子和偽滿洲國的經營下，暫時遠離戰火，基礎建設和工農業得到很大的發展，特別是較為完備的軍事工業，是保障大兵團作戰最理想的後方基地。

國共兩軍都將目標瞄準了東北這塊肥肉。

日本人剛投降，共產黨並不在意上海這些富庶的城市，直接將十萬主力部隊開過來，收編敵偽，組建民主聯軍；蔣介石如夢方醒，趕緊將新一、新六兩個王牌軍和大量雜牌部隊開拔東北。

東北既然是決定全國形勢的關鍵，但戰局剛開，天平的勝利一端就沒向國民黨傾斜。國軍在秋季進駐東北，立足未穩便面臨嚴冬考驗，長期待在南方的士兵，其戰鬥力肯定大受影響。東北是日占區，前蘇聯出兵後，實際上掌控東北的各方面，素與蘇俄不睦的國軍自然得不到支持和配合；與之對比的是，長期在北方作戰的共軍已在東北盤旋數月，做好了過冬的準備，且在前蘇聯的幫助下接收敵偽財產、人員和工業。

國軍在美國的幫助下，利用便利的交通開赴城市，而共軍控制了廣大鄉村，有利於建立穩固的根據地和孤立城內的國軍；以至於後期的國軍錢糧不濟，戰鬥力直線下降。再說說人的因素，蔣介石先後將杜聿明、陳誠、衛立煌等派往東北，且帶著虎狼之師，知曉內情者會明白蔣介石對東北的重視，而大批東北軍隊非但不這麼看，還會擔心自己被打編整編，人心不齊，戰鬥力肯定會打折扣。

雖然如此，四平首戰告捷的國軍不是沒有機會。杜聿明利用在抗日遠征中鑄造的精銳之師，將林彪帶領的民主聯軍趕到哈爾濱，但蔣介石給美國一個面子，葬送了到手的勝利。共軍贏得喘息機會，國軍雖然失敗不少，但基本上能與之膠著。此時，蔣介石將東北戰事不利的原因歸結到領導系統，用親信陳誠替換熊式輝（東北行政長官）和杜聿明（東北軍事長官），全權負責行政和軍事。

臨陣換將本為兵家之忌，更何況這位陳誠除對蔣介石忠心耿耿外，領導能力實在乏善可陳，倒是拉幫結派很有一套。陳誠上任，不用心作戰，而是以欽差之名整肅軍隊、收拾不聽話的將領，結果軍不思戰，國軍很快被共軍壓制到瀋陽、錦州、長春等幾座城市。國軍主力尚存，王牌在握，蔣介石發現陳誠不行，趕緊派衛立煌到東北。抗戰期間，衛立煌訪問延安，受了不少赤化影響，蔣介石心知肚明，處處掣肘。

後來乾脆發生了上一節提到的統帥與指揮之爭，前線總指揮衛立煌被架空，仗還怎麼打？

國軍斷送了東北的勝利局勢，帶著殘兵敗將撤回關內，而共軍得到一支戰鬥力極強的部隊，更擁有了大炮等軍工基地，為取得全國勝利奠定了關鍵的基礎。

31.「拉兄弟一把吧！」李天霞為何見死不救？

國軍好像強大，實則四分五裂，中央無法直接貫徹軍令、政令。這是蔣介石每戰躬親的原因，也是屢次整肅軍隊的原因。與共產黨在八一南昌起義基礎上建立軍隊不一樣，國軍除國民革命軍第一軍即中央軍外，整合了各路地方軍閥，成分十分複雜，就說中央軍也有不同類別的派系。

各派軍隊都有國民黨和政府高層撐腰，軍隊長官唯主子之命是從，對蔣介石的命令則陽奉陰違。蔣介石向來喜歡削弱各派以鞏固嫡系的實力，各派軍隊長官深知軍權即實權，早已看穿蔣某的把戲，唯有保存實力，才有自己的一席之地。

日寇如今，在民族大義面前，各軍尚能同仇敵愾，一致對外。外患既除，各個軍隊紛紛擁兵自保，以求更大的利益，另一方面，各種傾軋爭鬥的陳年舊帳陸續浮出水面，軍官之間都恨不得吃掉對方。

因此，面對氣勢洶洶的共軍大夥爭相躲避，實在躲避不了只能死命對抗，讓友軍拉兄弟一把，對不起了，認命吧！

見死不救眼睜睜讓友軍坐以待斃的，李天霞算一個。發跡之前，李天霞是一顆勤奮好學的幼苗，因學業優異留黃埔軍校任職。

到了部隊，在同學王耀武手下當連長，有同學罩著，加上英勇善戰，李天霞跟在王耀武屁股後面一步步爬上七十四軍五十一師師長的位置；此時，張靈甫還是他手下的一名團長，淞滬會戰、武漢會戰，兩人出生入死，關係密切。

或許，李天霞只是個旅團長的料，讓他當七十四軍軍長是不夠格的，老同學王耀武也看出來了，但拗不過情面，讓他當了個副軍長，去大後方貴州練兵。李天霞頓感失落，消極度日，最終還是當上第一百軍軍長（後整編為八十三師）。

李天霞一走，張靈甫脫穎而出，威望日增，就任第七十四軍軍長（後為七十四師）。昔日部下、學弟搶了王牌軍軍長的位子，李天霞含恨在心，又查明張靈甫睡了自己的情婦，新仇舊恨累積一起，不是不報，而是時間未到。

也不知蔣介石怎麼想的，國軍在山東開始重點進攻時，讓李天霞做了縱隊司令，指揮八十三師和張靈甫的七十四師。真是山不轉路轉。攻占臨沂後，即令部隊後撤，將七十四師暴露給對手，李天霞報復沒得逞，反遭張靈甫彈劾，失去了縱隊司令官之職務。

李天霞氣不過，當張靈甫固守孟良崮時，湯恩伯令八十三師靠近，李天霞消極應對，派了一個團前去策應。結果，這個羸弱的團很快被共軍擊垮，七十四師兩翼與友軍聯繫切斷，李天霞的這次報復可謂太徹底了。然而，李天霞沒有想到的是，「見死不救」的不止他一個，離張靈甫較近的二十五師和第七軍也遲遲不見蹤影，當七十四師失去聯繫時，他才慌了手腳，將全部兵力押上試圖拯救張靈甫，終於到達孟良崮時，戰鬥已經結束。

正如上文所說，國軍中見死不救的案例很多，李天霞之所以成為典型，在於出事之後，不但未受到懲處，且很快復出並擔任師長，讓更多的人可以肆無忌憚地見死不救。

32. 徐蚌會戰竟讓一頭豬來指揮！

徐蚌會戰，指發生在徐州、蚌埠之間與共軍的一場大決戰，共軍方面稱之為淮海戰役。淮河是僅次於長江的一道最重要防線，淮河失手，直接將長江防線暴露在共軍面前，首都南京危在旦夕。國共雙方都明白這次會戰的重要意義，都為此投下大部分身價的重大賭注。

說徐蚌會戰的失敗，不得不說起劉峙：被邱清泉比喻為豬的「剢總司令」。按照常理，在重慶養尊處優多年的劉峙沒有能力也沒有資格擔任這個總司令職務，但他在中央有人脈，國防部長何應欽力保，且資格老、對黨國絕對忠誠，蔣介石只看重後者。於是，南京的門戶徐州沒等來虎將薛岳、也沒等來狗將顧祝同，最終讓一隻豬將走馬上任。

邱清泉話醜理端，面對徐州地區的這盤大棋，誰也不敢掉以輕心。得趕緊幫劉峙找個副手，找誰呢？白崇禧，劉峙及下屬不歡迎，且本人就沒有打算過來；杜聿明，此人不錯，在軍中與劉峙都屬何應欽系，且有較強的軍事才幹。

指揮團隊拼拼湊湊組建起來，又在作戰方案上遲遲無法決斷。到底是北上收復濟南、以攻為守，還是放棄鄭州、退守蚌埠，就連蔣介石首腦機關也沒個定論，劉峙自是不敢發表意見，致使戰機一再延誤。直到大戰前幾天，杜聿明才拿到蔣介石的命令，執行第二套方案！

杜聿明不愧為將才，短短的幾天時間，將幾十萬國軍布置得井井有條。一條西至河南，東抵大海，以徐州為中心的防線漸漸形成。此時，錦州告急，無人可用的蔣介石將杜聿明帶去東北！杜聿明一走，劉峙如喪考妣，無計可施。此後的二十多天裡，徐蚌戰場的國軍毫無動作，再次延誤戰機。這個責任不該劉峙一個人負，他也負不了這個責，左一封電報右一封電報向蔣介石求救。這頭忠心耿耿的總司令，確實成了蔣介石遙控的豬。他一會兒讓李延年兵團去海州，一會兒又令其向徐州靠近，並讓黃百韜、李彌兵團掩護。黃、李兵團正艱難地通過運河，頓時遭遇七個縱隊的共軍攻擊，張克俠與何基灃率部起義，斷了黃百韜的後路。蔣介石命令劉峙增援黃百韜，劉峙連共軍的主攻方向都沒有搞清楚，要求保衛徐州。蔣介石才明白邱清泉的抱怨應驗了，趕緊將杜聿明調回徐州救急。但杜聿明無力回天，不久，李延年、邱清泉、黃維等兵團相繼被殲，杜本人被活捉，劉峙被免職。國軍在徐蚌會戰中的荒唐失敗，說明蔣介石用人策略的失敗，正如《西遊記》裡一樣，精明能幹的孫悟空常遭批評，倒是懶惰的豬八戒得到的甜頭最多。但唐僧不會將孫悟空換下，只需唸唸緊箍咒就可以了。

時任中央軍委副主席的周恩來

第四章

文化：因為五花八門，所以一盤散沙

33. 信仰自由，但領袖不能迷信

任何人都有宗教信仰自由，國家領袖也不例外，許多國家元首是虔誠的教徒，並不妨礙他治下的國家欣欣向榮，究其原因，這些元首雖然信教，但不迷信。恰恰相反的是，作為領袖的蔣介石崇尚迷信，其帶領的近代國民黨更迷信成風，他們在遇到重大決策時，往往求助測風水、測八字、卜卦算命等迷信活動；這樣的領袖和政黨，要帶領國民實現產業的近現代化，達成民族復興的夙願，恐怕只能是緣木求魚。

蔣介石推崇「陸王心學」，更把老鄉王陽明奉為先師，表面推行「知行合一」、「致良知」和「唯求其是」，實際上拋棄了王陽明的精華，骨子裡是頑固的唯心主義，將很多重大事情託付給鬼風水之說。蔣介石十分重視風水，將個人成功歸結於母親墓葬占了風水寶地，蔣母墳墓的保護便納入重要的議事日程。抗戰期間，蔣介石多次密令戴笠派人去察看母親墓地，並密令汪偽浙江省各級長官保護，可笑的是日軍和汪偽政權多次想刨掉蔣母之墓以破壞

「風水」。迷信最青睞那些事業遭遇挫折的人，國民黨在大陸統治接近尾聲，蔣介石的迷信也達到空前的高度。一九四六年，取得抗戰勝利的蔣介石還都南京，曾秘密邀請寺廟法師為其尋找墓穴。法師沒多久，便在紫金山的半山腰找到一處「龍穴」，因不便馬上修墓，蔣介石聽從法師的建議，在此處修建「正氣亭」，亭上有蔣介石親筆撰寫的亭名和抱柱聯。只可惜敗退臺灣後，魂歸龍穴終成遙遙無期的夢想。在戰爭進行到最關鍵時刻，蔣介石更迷信求籤問卦，街邊算命先生的胡言亂語、寺廟中和尚的解簽，都成為左右他決策的重要因素。

蔣介石迷信，與個人成長和教習有關，也決定於直接脫胎於封建文化的社會大環境。迷信是人們對未知領域認識不足的一種錯誤思維方式，當人們無法解決大自然或社會出現的疑問，便用自己的方式做出解釋，慢慢演化為占星、卜巫、風水、命相和神鬼等迷信活動。在中國，民間巫術占卦由來已久，又被統治階級利用和發展，益發深入人心。

長時間的封建專制，阻止了人們對科學知識的探索，中國沒有也不可能產生近代意義上的文藝復興和工業革命，轟轟烈烈的新文化運動中的「賽先生」（Science，音譯後的俗稱）只能觸及皮毛，封建迷信依然大行其道。在這樣的氛圍中，如果沒有科學的理論統一思想，迷信便容易成為常態。作為領袖的蔣介石都如此迷信，國民黨焉能科學昌明，更遑論戰勝高舉唯物大旗的共產黨了。

34. 一年一個調，三年一個主張！

二十世紀初的中國，隨著新文化運動的到來，古今中外各種思想和文化潮流碰撞、交融，國民思想活躍，帶來了文化的繁榮，對社會發展來說，這是天大的好事，但對執政黨和政府來說，必須要在紛繁複雜的思想文化背景下確定一個主旋律。

國民黨執政多年，不但一直沒有找到主旋律，而且還「一年一個調，三年一個主張」，讓老百姓無所適從。

在思想文化建設方面，中國有搞運動的傳統，比如「焚書坑儒」、「罷黜百家」、「文字獄」等。國民黨也不例外，短短的二十多年裡，大略展開了以下一些運動：

一九三一年，在蔣介石提出的「黨化教育」基礎上，國民黨中執委會常會通過《三民主義教育實施原則》，將國民黨的意識形態成為學校課程和教學實踐活動的指導思想，制定了嚴格的辦學許可和言論檢查制度。

一九三四年，頒布《大學組織法》，取消教授治校制度。值得欣慰的是，國民黨的黨化教育受到了當時知識菁英激烈的反對，儘管這種反對更多是基於對「科學」和「自由」的熱愛，而不是出於對孩子在國家範圍內被客體化的不滿。黨化教育是政治對教育的公然侵略，一開始就受到蔡元培、魯迅等知名人士的抵制。值得欣慰的是，民眾非但並沒有被黨化，還擦亮了明辨是非的眼睛。

與許多違背自然規律的一廂情願一樣，黨化教育並沒有收到實際效果，蔣介石於一九三四年開始新生活運動，試圖將儒家傳統融入國民生活（此運動在後面專節講述）。新生活運動方興未艾，抗日戰爭全面爆發，為鼓舞振奮國民全力抗戰，一九三九年，蔣介石以《國民精神總動員綱領》、《精神總動員實施辦法》及《國民公約誓詞》等法令發動「國民精神總動員運動」，希望達到思想意識與權力集中統一。

此項運動旨在實現「國家至上民族至上，軍事第一勝利第一，意志集中力量集中」，對全民抗爭具有一定作用，但也鞏固了國民黨的專制獨裁。

蔣介石一生還搞了兩次簡化漢字運動，第一次是一九三五年，教育部剛剛頒布第一批《簡體字表》，立即遭到考試院院長戴季陶辭職不上班的抵制，蔣介石只得收回成命。到臺灣後的一九五二年，蔣介石再次提出簡化漢字的改革，又被胡秋原反對，兩次推行簡化字都不了了之。

我們沒有理由懷疑這些運動的出發點，但國民政府沒有定下調，在思想文化領域肯定不會有太大的作為，以至於到了後來，國統區的老百姓都不聽國民黨的那一套，全被共產黨俘獲了。

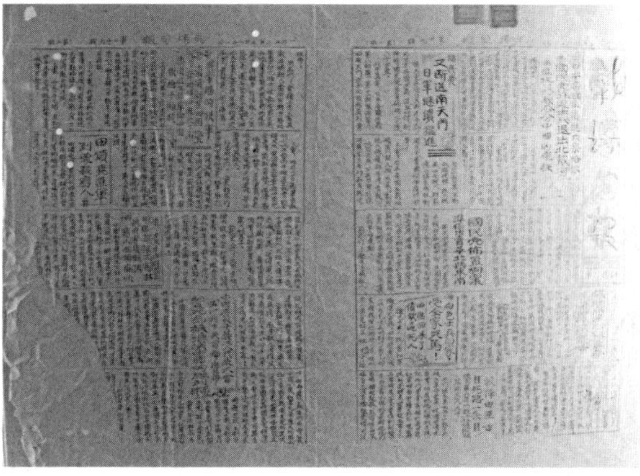

35.

從民主共和到忠君愛國！

民主共和思想是國民黨創始人孫中山對中國的偉大貢獻，為此，他耗費了畢生的精力。武昌起義後，孫中山離美回國，開始了用民主共和取代君主專制的努力。

孫中山於一九一二年宣誓就任南京臨時政府臨時大總統，宣告中華民國的成立。民國政權未穩，孫中山即急不可耐地推行三民主義，落實民主共和理念，且不顧列強干涉和反對勢力強大，反對南北合議，堅持北伐，用革命的手段掃清民主共和的障礙。在短暫的任期內，孫中山提出了民主共和國的發展方針：對內統一和革新民族、領土、軍政、內治、財政，使國家和人民均能享受共和福祉；對外堅持和平基礎上的民族主義，與各國友好相處。孫中山主持制定《中華民國臨時約法》，以接近於憲法的方式規定了主權在民；將「三權分立」制和中國古代的考試、監察制相結合，設計出「五權分立」的政治體制，以保證民主的實現；根據中國民族情況，提出多民族國家的國情，提出「五族共和」的民族解決方案，以期達到中華民族的統一和團結。孫中山不僅是民主共和的設計者，還是實踐者，他不爭權奪利，只為理想的實現，的確為中國歷史上少見之人物。為達成清帝退位，他寧願出讓總統職位，在他看來，只要擁護共和，誰當總統都一樣。在當時的中國，孫中山的想法過於超前和幼稚，導致了民國初年總統輪流當、復辟稱帝的亂象。說到底，民主共和是一個長期的過程，不僅中國，世界都如此，大多數民眾還在為民主共和而鬥爭。孫中山最大的問題在於沒有認真研究保障民主共和實施的方案，雖然舉起護法大旗，也只能眼睜睜地看著民主共和被破壞。

袁世凱過了把短命的皇帝癮，孫中山的信徒蔣介石卻搞了二十多年專制。對蔣介石專權獨裁，前文已有過敘述，這裡只講講蔣介石這樣從思想和文化上讓國民忠君愛國。國民黨在全國推行「黨化教育」，完全是鞏固中央集權的那一套，而國民黨誓詞中規定：「一、忠勇為愛國之本；二、孝順為齊家之本；三、仁愛為接物之本；四、信義為立業之本；五、和平為處世之本；六、禮節為治事之本；……」說的都是忠孝仁愛這些封建儒家的東西。新生活運動中，蔣介石將「禮義廉恥」提到「國家四維」的高度，藉此以「挽救墮落的民德和人心」、「改造革命的環境」、「確定我們革命的基礎」，實際上是用封建的倫理綱常約束國民的思想，帶有教會色彩的新生活，其實想讓國民回到忠君愛國的舊時代。

如此倒行逆施，極力主張民主共和的孫中山，在九泉之下也不會瞑目。

36. 崇拜王陽明卻不懂知行合一！

蔣介石是一個虔誠的基督徒，骨子裡卻深藏著儒家思想，既有程朱理學，更有陸王心學。傳說一九四七年在南京舉辦軍官訓練團時秘訪陽明山，得到星光大師的指點，才得以在臺灣立足；傳說歸傳說，蔣介石將臺灣的草山改為陽明山，將絕版珍藏捐給大陸陽明山是不爭的事實，蔣介石一輩子信佛重儒也是事實。可以說，他的信仰是中西合璧。

信仰太多的後果是信仰不專、不純。從「蔣介石」和「中正」的名字，可以看出蔣介石對儒家文化的崇拜，他的立身行事始終貫穿「格物、致知、正心、誠意、修身、齊家、治國、平天下」的思想（《禮記・大學》），對王陽明推崇備至。對王陽明「知行合一」學說淺嘗輒止，即大力鼓吹「力行」哲學，成立力行社，展開新生活運動，要求全國人民身體力行。

王陽明何許人也？王陽明，生長於蔣介石的老鄉，號陽明子，人們給了一連串的稱謂：

思想家、哲學家、文學家、軍事家……，他對後世影響最大的還是擴大陸九淵學說而形成的「陸王心學」。陸王心學肇始於孟子的心性論，主張「心即理」，發明本心；發明本心的方法是，先找到善根良心，後盡情發揮。把握「格物致知之旨」，發展而成「心即理」、「致良知」、「知行合一」自成體系的三大理論。

「心即理」即主觀唯心主義，認為思想可以派生萬物；「致良知」，就是致吾心內在的良知，王陽明認為人人都有良知，如果身體理性，可以不藉助外在力量而將良知推廣到萬事萬物。強調的是一個人的主觀精神和自我修養，有一定的現實意義。「知行合一」是王陽明的重要思想，說的是理論和實踐結合的問題。

王陽明一生宦海沉浮，歷經坎坷，蔣介石認為，自己與這位老鄉有很多相似之處，尤其看到王陽明以區區三千散兵英勇平定了甯王叛亂，更將王陽明奉為神明。但是，陸王心學畢竟是五百年前的唯心主義學說，儘管有「格物致知」、「知行合一」等合理成分，但主旨是「心即理」。因此，蔣介石過分推崇個人思想或學說的力量，而忽視人民的作用；強調自身修為，而不建設法制監督體系；花較大的精力提高個人修養，卻沒辦法推己及人；在「知行合一」上玩了太多的花架子，展開了不少全國性的運動，但沒有從黨國根本上解決問題。什麼「修身、齊家、治國、平天下」，在那些黨國高官們看來，統統都是騙人的鬼話。

37. 無法監管的輿論

作為對意識形態的占領方式之一，每個國家都會對輿論實施控制監督，古今中外概莫能外，包括自詡最民主的美國，不也盛行過一陣麥卡錫主義，搞得人人自危嗎？在民眾文明程度較低，極易受到輿論蠱惑的國民政府階段，特別是在抗日、戡亂等非常時期，輿論的意義非比尋常，而沒有監管好的輿論，對國民黨政權的敗亡具有推波助瀾的作用。

國民黨不是不知道輿論的重要性，也採取了許多監管措施。

首先加強立法和監督檢查，自一九二九年開始，國民黨中宣部公布《宣傳品審查條例》、《反革命宣傳品規範》，將共產主義列為反動宣傳；一九三〇年，頒布出版法，實行出版登記制度，限制出版物言論範圍；一九三一年，頒布《煽動誹謗罪》、《宣傳品審查標準》，禁止任何反政府宣傳，並規定了「反動」宣傳的內容；一九三三年，公布《新聞檢查標準》、《修正重要都市新聞檢查辦法》、《圖書雜誌審查辦法》，對報刊雜誌予以檢查監管。法律法規之外，還透過黑名單制度、執照申辦制度和一些非常手段，如暗殺、綁架、威脅、引誘監管輿論。

說得有點腥風血雨了，且慢！別忘了一九四六年的國民政府已經實行憲政，上述的法律法規也好，監督檢查也罷，都必須在憲法許可的前提下。

好了，翻翻一九四六年民國憲法，詳細規定人民平等、人身自由、居住遷徙自由、工作與財產權利、意見自由、信仰自由、集會結社自由、人權救濟、人權保障等世界通行的民權內容。在「意見自由」中，憲法規定：「人民宣揚共產主義和國土分裂主義，在言論層面上均屬於言論自由……。」

在「集會結社自由」中，憲法甚至規定「建立宣揚共產主義和國土分裂主義的政黨也符合憲法結社自由之規定，若該團體有違憲行為當依法處置，但不得預先阻止結社自由。」憲法如此，國民政府當如何監管百姓的輿論。

不管後人如何為國民黨限制輿論的手段添油加醋，卻不能否認，民間報人史量才與國民政府的鬥爭，無法掩蓋面對蔣介石威逼，史量才發出「我有一百萬讀者……」的叫囂，明的不行，蔣介石只能來暗的。

現在看來，蔣介石讓一部成熟的憲法捆住手腳，以特務組織輔政實屬無奈之舉。一個史量才足以說明國民政府輿論監管的失控。後來，對武力尚無法企及的共區，輿論監管只是一句微弱的呼叫。

曾經的共黨黨報《新華日報》，能獲許在國統區公開發行，本身就很自由了。抗戰結束，國民黨政府立即廢除新聞檢查制度，《新華日報》更是風生水起，以「憤怒控訴、徹底否定、置之死地」的態度揭露、譴責國民黨政府，公然與政府作對。

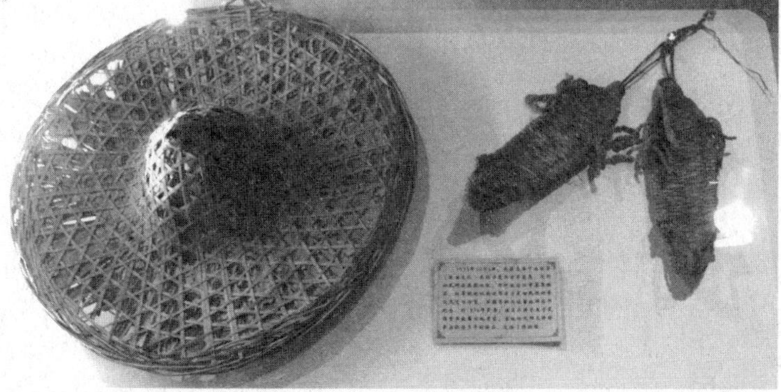

38.

沒有確定的基調

現代人回訪國民政府，大多關注戰爭和民生，很少提及文化，實際上，那個時代的文化相當繁榮。表現在文學上，各種流派、社團和刊物百花齊放，現實主義派、現代主義派、革命文學派、國防文學、民族主義文學、第三種人文學各自占領陣地、爭鳴發展。寬鬆的文化環境，誕生了大批足以與全球比肩的作家和作品，如巴金及《家春秋》、老舍及《駱駝祥子》、曹愚及《雷雨》、徐志摩和鬱達夫的詩歌、沈從文及《邊城》、錢鍾書及《圍城》、魯迅及《狂人日記》、郭沫若及《屈原》、矛盾及《林家鋪子》、張愛玲等。國人思想自由，西學東漸，社會科學和自然科學得到發展，除翻譯出版大批科學著作外，一些科學流派和研究方法隨之而來，科學界和學術界出現了像陳建功、函數論、蘇步青、華羅庚、李四光、竺可楨、侯德榜、吳有訓、茅以升、梁思成等世界一流科學家。

百家爭鳴帶來學術的繁榮和文化的璀璨，推動了社會的進步。但就鞏固統治和維護穩定方面來說，國民政府面對的情況是內憂外患，至少應該在文化學術界定一下一個基調，樹立一個導向，以便統一大多數人的思想。這一點，國民黨做得不好，雖然對廣大老百姓和社會發展有利，卻傷害了自己的政權。

科學屬於學術領域，不存在基調之說，但大批頂尖科學家留在中國大陸，在各自領域都成為共黨建設的奠基人，而未追隨國民黨，儘管有各種的原因，但這筆帳不能不歸咎於國民黨在文化領域建設的失敗。

文學方面則麻煩更大，意見自由沒錯，是憲法要求的，但作為執政黨，起碼得有一批御用文人，有一個符合黨和政府意願的文化導向，但國民黨沒有做到，它不在現實生活中想辦法，卻去孔孟那裡尋找解決方案，炮製出「禮義廉恥」、「忠孝悌信」等封建傳統文化，這套東西固然有適合國民黨的成分，但早為新文化運動健將及追隨者們所不恥，又如何能引導文化，何以說服那些有著留學背景的社會菁英呢？如果說《家春秋》、《邊城》、《屈原》和張愛玲等人的作品帶有反封建、歌頌美好生活及抗日主張，而《圍城》、《林家鋪子》、《駱駝祥子》等文學作品就帶有明顯的不滿意政府的傾向，等到了魯迅及那批左翼作家手上，現實生活黑暗無比，國民黨和政府是亂象的始作俑者，簡直就是十惡不赦的罪魁。

沒了基調的思想文化陣營，僅魯迅的幾篇雜文，就讓國民政府很吃不消了。

39. 娛人娛己的宣傳作秀

既然沒辦法對輿論實施監管，蔣介石能做的，就只有占領和鞏固陣地，奮起反抗了。先看看國民黨是如何構築宣傳陣地。

一九二四年，在第一次全國代表大會上，國民黨設立中央宣傳部而負責黨內宣傳、文宣及對外發言，各級黨部設立了相應的機構，比如：黨報、通訊社、郵電檢查所、無線電收音室、新聞檢查所等。

一九二八年，「中央執行委員會宣傳部組織條例」正式確立中宣部的架構。從此，中宣部負責建立文化工作體系、監管媒體、限制不利宣傳、規定媒體輿論導向、統一意識形態；在媒體喉舌方面，國民黨建立了中央社、中央日報與相關黨報網，以及中央廣播電臺等宣傳機構；在宣傳人才方面，國民黨於一九三五年成立中央政治學校新聞系，培訓了大量新聞人才。

如此龐大的宣傳機構和人才濟濟的宣傳隊伍，卻上演了一齣齣娛人娛己的宣傳鬧劇。抗日戰爭是宣傳部門大書特書的內容，我們來看一個中日戰報統計的表格：

戰　役	日軍傷亡人數（萬人）	
	國軍戰報	日軍戰報
淞滬會戰	6	4
太原會戰	4	2.6
南京保衛戰	1.5	0.76
徐州會戰	5	3.2
武漢會戰	20	9.7
隨棗會戰	4	1.3
棗宜會戰	2.3	0.9
南昌會戰	1.2	0.9
上高會戰	2	1.5
中條山之戰	0.99	0.3
第二次長沙會戰	2	0.7
第三次長沙會戰	5	0.6
浙贛會戰	3	1.7
鄂西會戰	4	0.4
常德會戰	5	2
豫中會戰	0.4	0.33
長衡會戰	6	6
桂柳會戰	3	1.6
緬北會戰	9	4
合計	84.39	42.49

撇開四捨五入上的統計誤差，國軍戰報與日軍戰報資料居然多了足足一倍。這種誇大宣傳迎合了好大喜功的國民黨上層領導，對鼓舞全國人民鬥志爭取抗戰勝利具有積極作用，但唬唬老百姓可以，在稍有常識的軍中人士看來，則只是略帶幽默的愚弄。有了這個榜樣，國共內戰時的宣傳報導誇大得更離譜，但此時非彼時，已有了共黨的報紙和廣播，國人不是那麼好愚弄了。

政府工作的宣傳也往往變成娛樂活動。一九四八年，為控制不斷飆升的物價，配合財政部「八一九限價」，三十八歲的蔣經國督戰上海。面對全國人民的目光，蔣經國不負眾望，先在兆豐公園（今中山公園）舉行十萬青年大檢閱，並舉行摩托車開道、裝甲車和戰馬護衛的聲勢浩大的示威遊行，數萬民眾自覺跟隨，群情激昂。結果眾所周知，大公子的誓師表演已經變成百姓茶餘飯後的笑談。

一次次誇大其詞的宣傳和活動，充其量是譁眾取寵的表演，但糊弄一時不可糊弄一世，老百姓心頭是雪亮的，謊言破滅，敗亡的下場立竿見影。

40. 文化圍剿是最拙劣的手段

蔣介石不只是赳赳武夫，國民黨採取軍事行動之外，也對不同的思想和文化採取「清剿」行動。

首先從傳播思想文化的管道和載體入手，加強對報紙、雜誌、書籍的控制。一九三〇年，國民政府頒布《出版法》，稍後出臺《出版法施行細則》；一九三二年，國民黨中央宣傳部公布「宣傳品審查標準」，一九三四年頒布《圖書雜誌審查辦法》，規定圖書雜誌付印前必須交給國民黨宣傳部圖書雜誌社審查委員會審查；將共產主義宣傳定為反動言論，將抨擊國民政府的言論加以限制。僅在上海一地，國民黨就查禁各種書籍一百四十九種，刊物七十六種。其次，直接對文化團體和個人下手，從一九二九年開始，創造社、上海藝華影片公司、良友圖書公司、神州國光社相繼遭到查封或破壞，演員宗輝、作家柔石、胡也頻等相繼被捕、遇害。由於抗日統一戰線的建立，共產黨合法地位得到確認，山城重慶成為公開兩黨輿論的前沿陣地，針對共黨的報紙，蔣介石讓陳佈雷等組織文人，以《中央日報》等報刊為戰壕，對共黨文化實施「圍剿」。共黨這邊，周恩來帶領郭沫若等一幫文人針鋒相對，在看不見硝煙的戰場上，展開了一場你死我活的較量。

正如軍事行動一樣，國民黨的文化圍剿雖然也取得暫時勝利，但最終以失敗而告終。為何占據強大宣傳陣地，手握宣傳武器和重兵的國民黨戰勝不了共產黨呢？

首先，是國民黨和政府的整體腐敗使然。活生生的現實讓每一個老百姓都心知肚明；雖然以各種方式攻擊、敗壞共黨形象，但那個時候的共黨卻要比國民黨好得多，起碼為老百姓著想，做了不少事；不管國民黨說得天花亂墜，謊言畢竟是謊言，最終要被真相替代。其次，國民黨的宣傳形式比較單一。國民黨的宣傳人員和文藝工作者養尊處優，高高在上，沒有也不可能深入群眾，創作老百姓喜聞樂見的作品，那些坐在辦公室或躺在席夢思上弄出來的無病呻吟作品，哄哄才子佳人可以，要讓衣食無著的底層人民喜歡，那是斷然不可能的。再次，國民黨採取的手段極為低下，為人不齒。對思想文化界，動輒採取查封辦公地、砸毀設備，逮捕、殺人的辦法，難免讓人想起秦始皇的焚書坑儒和雍正的文字獄，將更多的老百姓送到被圍剿者的陣營裡去。總結來說，思想文化這意識形態領域的東西，具有生生不息、病毒傳播的優勢，不是採取強制手段所能消滅的。

41.

堵而不疏終致洪水滔天

對意識形態領域的治理，非一朝一夕之功，也非簡單的築堤防護能完成。正如鯀治水一樣，雖然偷得息壤，但根本上解決洪水問題的，還是逢山開路、疏濬河溝的大禹。國民黨政府在堵（文化圍剿）的同時，也採取了疏的措施，只不過沒有找到好的路徑，最終疏也變成了堵。

三個臭皮匠勝過諸葛亮，國民黨內就有不少臭皮匠，蔣介石還真的深信不疑，將之當成諸葛亮了。他們中間，就包括戴季陶、陳氏兄弟、葉楚傖等人，從純正的三民主義到法西斯主義，將心頭本就嚮往的蔣介石一步步往墨索里尼、希特勒身上靠，大批關於法西斯反動理論的文章和書籍鋪天蓋地，在國民黨的刊物上也出現了法西斯主義宣傳，並仿照德國的做法，在教育界推行「黨化教育」。

他們的初衷也許是將人們自由思想的洪流往國家主義的道上引，結果卻引到了非特務組織不能解決問題的死胡同中。

絕大多數人對法西斯是不感興趣，且法西斯最終招致全世界的痛恨，蔣介石便把目光轉向國內，試圖從中國的傳統文化開出一道洩洪閘。

蔣介石先搬出了五百年前的王陽明，宣揚「格物致知」、「知行合一」的陸王心學；見王陽明不夠分量，又去孔孟的《大學》、《中庸》等典籍中摘取「誠信」、「修身、齊家、治國、平天下」的綱常信條，大搞反動復古。

人們不遵行這一套，那好，將孔聖人抬出來，每年來一次祭孔大典；儀式還不奏效，就把儒家經典編進教科書，強迫中小學學生讀經。同時，把早已廢棄不用的文言文弄出來，以求完成文化領域從內容到形式的統一。

剛開始，一批知識分子特別大受新文化運動衝擊者大呼過癮，叫嚷著掀起了一股復古潮流，大批古代典籍得到保護和研究，也成就了一批國學大師，但當時只中國，正渴求用現代文明推動民族復興，而不是倒退到陳舊的書齋。蔣介石和智囊們的用意也並非以復古帶動文化復興，而是用忠孝節義思想馴服百姓，這場復古運動實際上阻礙了民族復興的步伐，最終遭到知識階層的抵制。

兩個口子都無法洩洪，蔣介石又開始動腦筋：將這兩個口合攏來，效果又怎麼樣呢？

一九三五年，在他的宣導下，一場將封建復古思想和法西斯思想混合起來的「文化建設」開始了。

這好比將蛋糕西點浸泡在辣椒紅油之中，那滋味連廚子都無法想像，更不要說食客們了。

國民黨政府採取了種種措施疏導思想洪流，卻適得其反，這些措施最終成了堵塞洪水的息壤，息壤愈長愈大，終有潰壩的一天。

任何統治者，不從開發民智入手，而試圖採取愚民術，壓制輿論，鉗制思想，被統治者隱在思想暗河中的反抗意識將愈來愈重，最終匯聚成滔天巨浪。

42. 新生活運動無疾而終

蔣介石特別是宋美齡受美國現代生活影響至深，被羅斯福的「新政」鼓舞，深感中國國民陋習太多、素質太低，便以改造中國國民習性的目的，發起了被稱為新生活運動的國民教育運動。

新生活運動以一九三四年蔣介石在南昌行營發表的「新生活運動之要義」演講為標誌，設立了全國性的「新生活運動促進總會」，蔣介石為會長，宋美齡為婦女委員會指導長，成為運動的實際推動者和宣導者。

蔣介石要求將「禮義廉恥」融入到日常生活中，城市市容整潔、國民遵守秩序、舉止文明，達到移風易俗、改革社會、實現民族復興的目的。

具體操作中，要求國民做到「生活藝術化、生活生產化、生活軍事化」，而以軍事化為最終標準。「藝術化」要求國民以藝術陶冶情操，掌握傳統的「禮、樂、射、御、書、數」

六藝；「生產化」要求國民勤儉節約；「軍事化」是「新生活」的核心和終極目的，要求老百姓整齊、清潔、簡單、樸素，合乎禮義廉恥，力求當個現代國民。為保證「三化」的實施，新生活運動促進總會於一九三五年發布，對戶外旅遊、設宴祝壽、冷水洗浴等個人生活做了規定，還展開守時、節約、升降旗禮、夏令衛生、清除垃圾和污水、滅蚊競賽、識字、禁菸消毒等各種活動。

蔣介石對軍事化特別看重，讓國民以軍事化的標準嚴格要求，提高政府動員能力，以實現「安內攘外」。後來，蔣介石將「現代化」解釋為「科學化」、「組織化」、「紀律化」，與「軍事化」等同起來，要求國民踐行「整齊、清潔、簡單、樸素、迅速、確實」的新生活。

與蔣介石將運動政治化不同，不遺餘力推動新生活運動的宋美齡更在意運動在解放婦女方面的意義，她呼籲女性互相幫助，提高讀書識字的能力，進而改變生活。

新生活運動沒有達到預期的效果，也遭到社會各界的冷嘲熱諷，但毋庸諱言，這場蔣介石親自宣導的、從國民日常生活出發，改正陋習、提高素質以實現「救國」和「民族」的國民教育活動還是具有積極意義的。

首先，運動對普及現代生活知識，改良國民生活，養成文明習慣等方面具有重要作用，也激發了民族自信心，對喚起全民族抗戰有正面促進作用。

但是，這場不從黨政體制和國民思想上努力的活動，治標不治本，被社會菁英譽為「建基於牙刷、老鼠夾與蒼蠅拍的民族復興運動」。

要求國民節約、規矩的運動也止於國民層面，對國民黨的各級官吏卻沒有任何意義，他們裝模作樣地新生活一陣，過的依舊是花天酒地的老生活。還有，不管如何標榜，此項運動無法抹去美國基督教會參與之實，蔣介石希望將外國教會精神與中華傳統文化糅合在一起，只是不切實際的夢想。

共產黨解放軍將領接受各界代表贈送錦旗

第五章

外交：實力不濟，別指望折衝樽俎

43. 國民黨接收了一個爛攤子

熟悉近代史的人都知道，清末的歷史就是一部備受列強欺侮的屈辱史。自一八四〇年鴉片戰爭以來，清政府屢遭敗績，被迫簽訂了一系列不平等條約，列強在中國爭相瓜分勢力範圍、駐紮軍警、設置郵政及電報局、設立租借地和租界、掌管關稅、享有領事裁判權……，中國一步步淪為半殖民地社會。

進入二十世紀，中國的外交有了一些改觀。世紀之初，清政府透過外交手段，廢除了與英、美、日的治外法權。

辛亥革命後，革命黨實力暗弱，孫中山將政權拱手送給袁世凱，中國進入北洋政府時代。北洋政府雖然外交方面極力抗爭，取得了一定成績：

一九一七年，在「一戰」中與德宣戰，廢除與德國和奧匈帝國的不平等條約。同年，率軍赴蒙古，廢除《中俄蒙協約》。

一九一九年，拒絕在《巴黎和約》上簽字，中國廣泛參與國際事務；蘇俄政府為改變自身處境，宣告將放棄帝俄在中國侵略所獲得的一切土地，無條件歸還中東鐵路，放棄領事裁判權；廢除了奧匈帝國在中國的一切特權；簽署航空專約，維護國家領空權。

一九二一年，簽訂中德友好通商條約，德國宣布放棄在華一切特權。

一九二六年，廢除《中比（比利時）條約》，讓列強逐步放棄領事裁判權等特權。

一九二七年，廢除《中西（西班牙）條約》。

北洋政府勉力維持，無奈政權不穩、國家分裂，財力衰微，外交手段取得的實際效果乏善可陳，很多宣言和協議並未真正落實，還增加了新的外患。

如對英國在西藏的問題懸而未決；前蘇聯出兵蒙古，公然成立「蒙古人民革命政府」；日本更強迫簽訂嚴重損害中國主權和領土完整的「二十一條」；巴黎和會上列強置中國的主權於不顧，拒絕廢除「二十一條」；列強在中國肆意製造「五卅」、濟南慘案；清政府遺留下來的大部分不平等條約沒有廢除，關稅自主權沒有完全收回。

更令人不可思議的是，孫中山為取得革命勝利，與列強妥協，宣布承認以前與中國簽訂的條約有效，而國民政府更對北洋政府廢約行動百般阻擾。

窮、光、淡，才是國民黨的大敵

北洋政府時期，百分之十五的海關稅收被當作海關徵收經費為列強控制，還要償還清政府遺留下來的舊債，國內戰亂不止，政府在發行內債的同時還大舉外債。一九一二年至一九一六年，北洋政府共向列強借款近四・八億元，涉及十多種款項，列強的經濟觸角伸向中國的軍事、鹽稅、鐵路、礦業、教育等各個領域；借款還有很多附加條件，以此干預中國政府的審計、控制財政，進得達到操縱政權的目的。

國家主權不彰，領土不完整，經濟方面更受制於各國列強，國民黨政府從北洋政府手中接收的，實實在在是一個爛攤子。

44. 自身不硬的打鐵漢

國民黨雖然從清政府和北洋政府手裡接收了一個「外交」爛攤子，但尚能勉力為之，因此，相比之下，民族主義是三民主義中國民黨執行得最堅決也最有成效的一項。對帝國列強實行強硬的民族主義，一方面因為國民黨的革命口號叫得最響、蔣介石政府尚武具有一定民族精神；另一方面在於長期受侵略和欺淩民眾的推波助瀾。

對列強伸張主權，始於一九二七年的武漢，英國水兵與慶祝國民政府遷都的民眾發生衝突，民眾衝進英租界，同樣的一幕在九江上演，國民革命軍順勢進駐接管了兩地租界。面對來勢兇猛的中國軍警，英國好漢不吃眼前虧，簽訂協議，交還了漢口和九江的租界。頭開好了，後面的事情就好辦些，有了北伐軍撐腰，英國在江蘇鎮江、江西廬山牯嶺、廈門、威海衛等地的租界（或類似租界）紛紛舉起白旗。

國民政府抓住時機，外交部一鼓作氣發表《國民政府將採取正當手續廢除一切不平等條約之宣言》，從廢除協定關稅入手，自行宣告中國關稅自主。

一九二八年，國民政府在形式上統一全國後，加快了與列強修約的步伐。先後與比利時、西班牙、義大利、葡萄牙、丹麥簽訂新條約，與德國、挪威、荷蘭、英國、瑞典、法國等國簽訂新的關稅條約。

在廢除領事裁判權和實行關稅自主權兩個關鍵的問題上，國民政府遭到以英、美、日等國為首的列強的抵制，有的調集軍艦進駐中國各海關以武力威脅，有的發來咄咄逼人的照會，國民政府不得不做出讓步，設想國民政府若擁有強大的武裝實力，以上事情肯定好辦得多。

沒想到恰恰是實力不濟，且想攘外而內不安，正在與外國據理力爭各種主權時，國內發生了中原大戰，不久，日本侵略東北，帝國主義的不少特權被保留了下來。

國民政府在列強夾縫中頑強地生存，想改變弱國無外交的局面，就必須仰仗強國的支持，比如讓前蘇聯和日本互相牽制，利用美國援助抗擊日寇，抓住英國弱點實現合作，在取得成績的同時也暴露出缺乏軍事實力的遺憾，到後來更受制於前蘇聯、美國，葬送了外蒙古大片河山不說，還在東北問題上做出讓步，讓共產黨軍隊壯大實力，養虎為患；在拒絕強力推行的「民主政治」後，美國就轉而扶持親美勢力，甚至向共產黨伸出橄欖枝，企圖讓中國以長江為界，分裂為兩個國家。

北伐時期，當日軍製造濟南慘案時，國民革命軍只有繞道走。當其大舉侵華時，正因為缺乏打勝仗的自信，國民黨政府才極力動用外交手段，讓列強制衡日本，雖然國際聯盟做了一些應付，為全國抗日爭取了不少時間，但對中國的禍害是無法估量的，也直接讓共產黨有可乘之機，從根本上動搖了國民黨的統治。

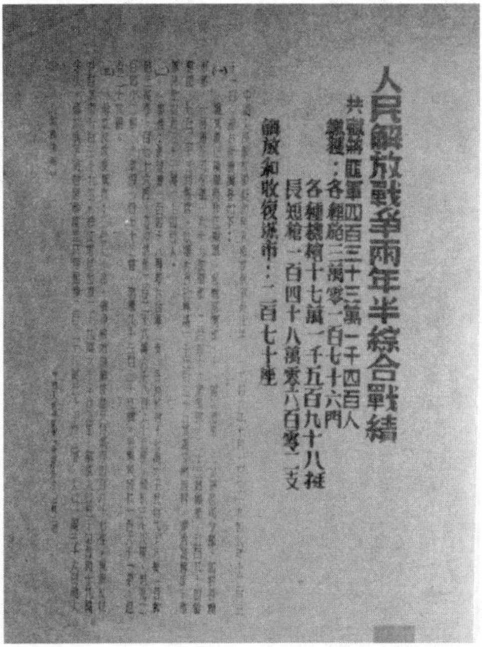
人民解放戰爭兩年半綜合戰績
共殲滅匪軍四百三十三萬一千四百人
繳獲：各種砲三萬零一百七十六門
各種機槍十七萬一千五百九十八挺
長短槍一百四十八萬零六百零二支
解放和收復城市：二百七十座

45.「崇洋不媚外」的外交之道

正如外國人推崇中國的四大發明一樣，崇拜洋人的先進文明並沒有錯，清末的思想家魏源就提出了「師夷長技以制夷」的主張，事實上，大批中國社會菁英正受到這種思想的指引，走出國門學習。「國父」孫中山長期遊歷歐美，學習外國先進思想和文化，成為中國民主革命的開創者。孫中山最先學習美國，試圖引進美國的民主制度，受到俄國十月革命的鼓舞，轉而向蘇俄學習，確立了「聯俄容共」的革命主張。

如果沿著崇洋且學洋的路子走下去，國民黨在大陸也許還有救。事實上，政權到了蔣介石手裡，以前的「崇洋學洋」變了味，落實到外交上乾脆變成「不崇洋而媚外」。

表面上看起來，蔣介石是個徹頭徹尾的「洋派」：最開始在日本學習軍事並在日本服役；接著受孫中山的指派，去蘇俄考察學習並尋求援助，在蘇俄的幫助下建立軍隊；與俄、共決裂後，又派人去歐洲，向希特勒學習，納粹們賣力地幫助過一陣；日本打過來後，又找人去美國聯絡，仿效美國的那套，又是憲政又是新生活，弄得挺熱鬧的。

我們拋開熱鬧，蔣介石情有獨鍾的是封建專制，骨子裡崇尚「三綱五常」和儒家傳統。在蘇俄訪問，蔣介石率先拋棄了共產主義，認為它不適合中國國情，其實是不適合封建專制和官僚資本的自身情況，回國不久，在得到蘇俄的援助後，就將共黨和共產國際一腳踢開。對於德國，蔣介石也崇拜過一陣子，還在國內掀起了一股法西斯熱，但最終只拿到一點法西斯的皮毛，即與封建社會的廠衛機構相似的特務手段和全國人民效忠的愚忠思想。至於美國人，異想天開地想在中國推行西方民主，蔣介石斷然不允許，要不是想到「美援」早就翻臉了。為了維護自己的獨裁統治，蔣介石假崇洋，真媚外，為的是得到外國援助。

北伐戰爭時，害怕得罪日本人，坐視濟南慘案發生，為了保證政權穩固，更再三答應日本的無理要求。為得到蘇俄的援助，蔣介石不惜犧牲中國東北主權；而得到德國援助的代價是輸出大量的有色金屬和農產品，壯大了法西斯力量。蔣介石政府更不惜置國家與人民利益不顧，任由以基督教為代表的美國文化蠶食中國傳統文化，而黨國高層更以用美國貨、仿美國生活方式為榮；以一九四六年的《中美友好通商航海條約》為標誌的中美系列條約，承認了美國在中國早已享有的政治、軍事、經濟等方面的許多特權，還進一步擴大化和細化，美國在中國享有特權，蔣介石政府實際上淪為美國的附屬國。

46. 策略沒錯，但口號不該那麼提

執政治黨，一個時期有一個時期的口號，口號是政策的集中表現，可以鼓舞人心，凝聚力量，但有時候可以策略一點。

一九二二年，中共第二次全國代表大會確立「消除內亂，打倒軍閥，建設國內和平」、「推翻國際帝國主義的壓迫，達到中華民族完全獨立」的革命任務；北伐戰爭開始，中華全國總工會在《對國民政府出師宣言》提出「打倒軍閥，打倒帝國主義」，北伐軍便高喊「打倒軍閥！打倒（除）列強」的口號一路向北。

「打倒（除）列強」這個口號喊出了中國人民壓抑半個多世紀的屈辱，的確大快人心，讓國民革命受到大多數老百姓的擁戴。但是，帝國列強侵略中國已久，要將扎在土壤裡的毒根全部「除掉」談何容易，何況支持北伐的蘇俄盟友隨口頭表示廢除以前簽訂的不平等條約，實際上對中國的領土虎視眈眈。又何況不久前，孫中山在需要支援的時候，承諾維持列強在中國的特權，如此出爾反爾、四面樹敵，勢必遭到列強痛恨。國民政府被各國圍攻，得不到足夠外援便在情理之中了。實際上，完全可以不喊那麼響亮的口號，在原則問題上不讓步，待革命成功、國民富強，再慢慢整飭外交，恐怕更有精力對付內亂。

對革命而言，「打倒軍閥！打倒（除）列強」的口號尚有很多合理成分，但「攘外必須安內」的提出，就有點搬石頭砸自己的腳了。

有人說這個口號來自於軍閥石友三，但老百姓沒功夫去查證，只把帳記在蔣介石的頭上。一九三一年，當日寇的鐵蹄踐踏東北三省時，蔣介石在南昌發出《告全國同胞書》，內容講明：「唯攘外應先安內」，他有他的理由，無非「去腐乃能防蠹」、「不先消滅赤匪，恢復民族之元氣……則不能禦侮」。讓一個身體羸弱的病人與身強力壯的人打架，肯定占盡了劣勢，說不定會要了小命，這個道理不言而喻。但是，面對民族大義這個大問題，口號不能這麼提啊！老百姓會這樣理解：先不管日本如何侵略，把內亂平定了再說。不管你蔣介石國民黨在外交上做了多少建功立業的大事，就憑這一點，老百姓就可以叫你「賣國賊」。

更氣人的是，蔣介石居然一再重申這個口號，還提到了外交部長就職典禮上，這就更非比尋常了。中國老百姓不用說了，外國怎麼看？既然你目前的主要任務是「安內」——解決共黨問題，沒有把心思放在反抗侵略上，那國際聯盟不管你的家事、放任日本侵略也有了說得過去的藉口啊！

作為執政黨和國家元首，你先把反抗侵略的大旗扛起來，至於內部怎麼處理問題，那應該是考驗執政能力的問題，至少在道義上勝了共黨一籌。

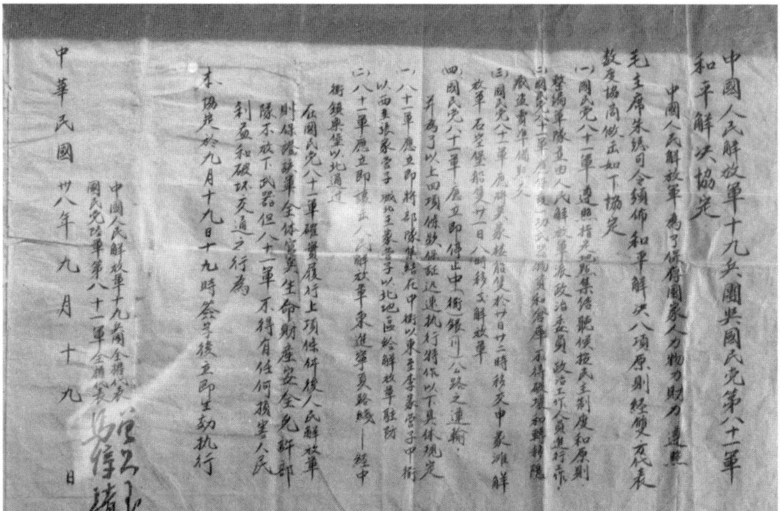
中國人民解放軍十九兵團與國民党第八十一軍
和平解決協定
中國人民解放軍為了保存國家人力物力財力遵照
毛主席朱總司令頒佈和平解決八項原則經雙方代表
數度協商做出如下協定
(一)國民党八十一軍遵照指定地點集結聽候按民主制度和原則
整編軍隊並由人民解放軍派政治委員政治工作人員進行
(二)國民党八十一軍[illegible]
(三)國民党八十一軍應將吳忠堡船隻於廿日廿二時移交中衛難解
放軍石空堡船隻廿一日八時移交解放軍
(四)國民党八十一軍應立即停止中(衛)銀(川)公路之運輸
並為了以上四項條款保証迅速执行特作以下具体規定
(一)八十一軍應立即將部隊集結在中衛以東至李家營子中衛
以西至張家營子 城北王家營子以北地區給解放軍駐防
(二)八十一軍應立即讓出人民解放軍東進寧夏路線——經中
衛鎮與堡以北通過
在國民党八十一軍確實履行上項條件後人民解放軍
則保證該軍全体官兵生命財產安全免卸部
隊不放下武器但八十一軍不得有任何損害人民
利益和破壞交通之行為
本協定於九月十九日十九時簽字後立即生効执行
中國人民解放軍十九兵團全權代表 [illegible]
國民党陸軍第八十一軍全權代表 馬惇靖
中華民國卅八年九月十九日

47. 老外不吃你這一套

蔣介石擅長借力使力，在對付共黨和地方勢力上具有很大的作用，但外國人一個個鬼靈精，根本不吃這一套，此法用於外交非但收效甚微，還往往算計到自己頭上。

撇開孫中山等利用日本民間力量革命之外，國民黨借來的第一個外力是蘇俄，條件是聯俄容共，推行共產主張，蘇俄人出錢出力，壯大了國民革命的力量，最終結果是國民黨建立政權並完成國家的統一，但國民黨不久就撕破臉皮，將蘇俄拋開；抗戰時期，又得到前蘇聯的不少援助，最後蘇聯紅軍出兵東北，殲滅了頑固的日本關東軍。欠錢終究是要還的，前蘇聯不但極力扶持共黨，還吃掉了外蒙古。

第二個外力是日本。日本人炸死張作霖，才有了張學良的「東北易幟」。這個力是意外得來的，日本人當然不理會蔣介石，在東北盤踞下來成為大患。後來，蔣介石試圖以日本之非正義戰爭激起公憤，藉其對別國造成威脅之機借助美、蘇等國力量，目的基本達到，但付出的代價實在太大。

第三個外力是美國。相對於其他國家，美國人對中國還算厚道，從辦教會、學校到用返還庚子賠款支助去美國的中國留學生，包括率先譴責日本的侵略行徑等，國民黨認同了這個外力，派出第一夫人宋美齡和國舅宋子文的強大外交陣容去借，美國人也非常慷慨，現金援助、借（貸）款、軍事援助、物資援助、技術援助、幫助訓練軍隊和特工……。

天下沒有白吃的午餐，國民黨對美國人慷慨背後的用意略知一二，蔣介石頭腦更是相當清醒。美國意欲用基督教和美式教育「美化」中國（這一點美國還是嘗到了甜頭，以一個世紀以來國人對美的崇拜為證），抗戰期間的援助則是坐山觀虎鬥，終至引火焚身後不得已而為之，至於扶持國民黨發動內戰，則有謀取遠東霸權與前蘇聯抗衡的成分。國民黨一味借力美國，不強身固本，待到成了「扶不起的阿斗」失去利用價值時，自然就被拋棄了。

第四個外力是英國。英國本土被德國侵略，附屬國印度受到日本攻擊，急需中國的兵力支援，蔣介石瞄準時機，一舉解決了西藏問題，邱吉爾對此「乘人之危」的做法懷恨在心，對宋美齡和蔣介石一直十分傲慢。更在雅爾達會議上與美國沆瀣一氣，以前蘇聯出兵東北為前提，將許多在中國的特權給予前蘇聯。歸根結底，像諸葛亮以「舌戰群儒」、「空城計」取勝的年代一去不復返了，外交需要國家實力作為後盾。

48.

抗日，奈何明月照溝渠

抗戰前後，說國民黨政府投敵賣國，是因為出了個汪精衛，說蔣介石賣國，則大錯特錯。

蔣介石絕對是一個民族主義者，對日本侵略者恨之入骨，只可惜在那個群情激昂的年代，沒有人能了解他「以空間換時間」的向月之苦心，又加之時局並不在掌控之中，空落得個奈何明月照溝渠的下場。

為了不遭「憤青」們謾罵，我們可以看看一九三七年中日軍事實力的對比。

軍事國別	鋼、鐵（萬噸）	艦艇（萬噸）	飛機（架）	常備軍（萬）	每師裝備			
					步騎槍（支）	機槍（挺）	火炮（門）	坦克（輛）
中國	10	5.9	300	200	3800	300	46	0
日本	949	190	2700	38	9500	600	108	24

透過上表可以看出，中國常備軍雖然比日本多得多，但日本可以動員使用的軍事力量共約四百四十八萬人，且三十八萬常備軍訓練有素、組織嚴密、裝備現代，戰鬥力極強；而中國軍隊派系複雜、裝備極差，且中國鋼鐵產量極低，軍事工業不發達，根本無法滿足現代化作戰的要求，飛機、火炮、坦克、機動車輛和艦艇等都需要進口，而日本已經形成現代化工業體系，軍事工作更相當發達。

面對如此大的力量懸殊，又沒有外國幫助，這仗怎麼打？作為黨、政、軍元首，蔣介石不是沒有想。硬拚？也拚過，日本軍隊在飛機、大炮、裝甲車的掩護下，在東北平原、華北平原、長江中下游平原上長途馳騁、勢如破竹，中國軍民傷亡慘重。於是，他動起了歪腦筋。一方面，他派人與日本秘密談判，暗示日本與蘇聯強強對決，中國保持中立，但日本必須歸還東三省的中國主權並從華北撤軍，到了一九三六年，事情都有了點眉目了，但日本人不但不答應，還要求中國承認侵華成果，兩國協商破裂，日本發動盧溝橋事變，開始全面侵華。

另一方面，蔣介石在引導美英俄向日本宣戰。盧溝橋事變後，中國軍隊採取主動，準備圍殲威脅南京的日軍長江艦隊，因情報洩露而讓日脫逃；緊接著的八月十三日，中國軍隊悄悄進入虹橋機場，日軍偵察兵，發動「八一三」事變。中國投入空軍、海軍和包括三個德國軍械裝師在內的七十五萬軍隊，與二十萬日軍作戰。但是，美英等國再次袖手旁觀，蔣介石的計畫雖然落空，但挫傷了日軍銳氣，拉長了日軍的戰線，使其無法迅速向中國內地推進，確保國民政府實施內遷，為大西南抗日基地建設爭取了時間。

正如毛澤東後來所提及，蔣介石早已深知中國的抗戰是持久戰，要爭取最後的勝利，必須堅持到美英俄參戰，不過美英俄太能耗了，一直待到日本人自己都等不及偷襲珍珠港了，美國人才下定決心與中國結成同盟，共同作戰。

只不過，這些計畫在當時屬於國防最高機密，是千萬說不得的，而共黨巧用蔣介石的苦衷，反而似乎在抗日中占了主動。

49. 靠美，帶頭大哥的大腿不好抱

第一次世界大戰後，大發戰爭橫財的美國一躍成為全球實力最強的國家（一九二九年，美國在資本主義世界工業生產的比重已達百分之四十八・五，超過了當時英、法、德三國所占比重總和）。有了雄厚的實力，看著全球戰火熊熊燃燒，不當一回主持公道的帶頭大哥有點說不過去。當然這只是玩笑話，渴望全球市場的美國資本不允許小小的德日和不聽話的蘇聯胡亂攪局，這才是美國介入「二戰」的根本原因。

「二戰」開始前後，對於歐洲戰場，美國可能有坐山觀虎鬥的嫌疑，但對中國戰場一直暗中使力，比如從一九三八年，先對日本進行譴責，接著勸阻飛機廠商不向「轟炸平民」的國家出售飛機。一九四〇年，開始對日本實施制裁，全面禁止對日出口各種戰略物資，更於年底擴大禁運項目，同時，美國對中國提供一億美元的貸款援助，還將中國納入租借法案借貸國。到了一九四一年，美國對日本的態度愈來愈強硬，先要求日本從中國撤軍，接著終止對日談判，凍結日本在美國的資產，全面禁運石油，要求日本放棄在中國的一切權利……。

日本人終於被逼到牆角，於一九四二年偷襲珍珠港，催生了太平洋戰爭。中美結成戰略同盟，中國要錢給錢，要物給物。炮彈和軍需進不來，美國就命美國空軍志願飛行隊「飛虎隊」開闢著名的「駝峰航線」，源源不斷地運來援助物資。「二戰」勝利在即，美國不顧前蘇聯的反對，推動中國成為聯合國的常任理事國，又在戰後的「分贓會議」上幫中國說了不少好話。國民黨政府取得抗戰勝利，接收日占區，壯大了實力，又在世界上獲得大國地位，那是占了相當大的便宜；還有，蔣介石要求撤走中國戰區司令史迪威，人家二話沒說就撤走。美國這個大哥也算當得仁至義盡，到對小兄弟發號施令的時候了：和平解決國共爭端，建立聯合政府。這符合美國的民主政治主張，而美國已經對腐敗的國民黨及政府極度失望，這點要求不過分吧！萬眾矚目的重慶談判好歹達成了「雙十協定」，政協會議緊鑼密鼓地召開，一切似乎朝著美國預想的方向發展，但接下來，國民黨的行為卻給了駐華大使馬歇爾當頭一棒。蔣介石自恃軍事實力比共軍強大，還一廂情願地認為美國大哥會幫忙，公然撕毀談判協議，發動了內戰。剛開始，美國還對國民黨政府有些支援，但隨著戰爭進程的明朗化，美國發現國民黨政府簡直如爛泥巴糊不上牆，乾脆一腳將其踢開，任由坍塌在地了。即便失敗，蔣介石還不深刻檢討自身，而怪罪美國的幫忙沒有善始善終。

50. 聯蘇，只因對手太狡猾

一九二三年訪蘇，蔣介石對蘇聯就有了深刻的認識，爾後發生的一系列事件，更堅定了他對蘇聯的判斷。對蔣介石來說，與蘇聯打交道，實在是不得已的事情。

縱然蘇聯老謀深算，也有作難的時候。這個難題出現在「二戰」前夕：一九三六年，德國和日本簽訂了《反共產國際協定》，蘇聯已經進入軸心國的射程，且極容易陷入腹背受敵的危險。

西線，德國法西斯囂張至極，戰火遲遲沒有向東，只因戰略步驟沒有到來，而蘇聯也沒有準備好；東線，日本經營東北基地多年，關東軍虎視眈眈。

一九三七年日本全面侵華後，蔣介石將蘇日天平倒向了蘇聯，簽訂「中蘇互不侵犯條約」，隨即，蘇聯三・五億美元的貸款換算成軍用物資：上千架飛機、千餘門大炮、萬餘挺機槍、坦克、機動車和數不清的彈藥，源源不斷地從中國北方入境。

援助在一九三九年戛然而止。是年，蘇聯與德國簽訂互不侵犯條約（一九四一年與日本簽約）。一九四〇年，日本籌畫太平洋戰爭，放鬆對中國的軍事行動，卻與蘇聯發生衝突，德國轟炸英國，大有回師東進的企圖。蘇聯慌了手腳，趕緊找國民黨政府談判，再續對華援助。

一九四五年，蘇聯經過艱苦奮戰，反攻德國，與美英在雅爾達開會，答應隨後攻擊日本，但要求取得在中國東北的特權和允許外蒙古獨立。一九四五年，蘇聯果然出兵中國東北，並在新疆和華北等地挑起事端，國民黨政府不得不給予蘇聯在東北的特權，並同意外蒙古獨立。

蔣介石對蘇聯小心提防，還是無法逃脫算計，可是苦日子還在後頭呢！

中國抗戰勝利後，蘇聯遲遲按兵不動，因為它從國民黨政府這裡得到了想要的東西：中國的「東北和外蒙古」。剛開始，蘇聯站在國民黨一方，希望與美國一起和平解決中國問題，以維護既得利益。

在東北問題上，對共產黨派來的軍隊，蘇聯悄悄扶持，對國民黨軍隊的介入，則堅決反對（畢竟是國軍，萬一中國要採取強硬措施伸張主權怎麼辦？）；直到蔣介石採取強硬措施，並讓美國出面干涉，蘇聯才對國軍放行，並勒令共黨機關和部隊撤離。

國共發生全面內戰後，蘇聯還對屢遭敗績的國民黨抱有希望，在兩邊斡旋，極力促成國共和平；就在國民黨大潰敗，不得不主動求和的一九四九年，蘇聯還存有調停的幻想，甚至贊成國共「劃江而治」的方案。

到了四月，共軍橫渡長江，國民黨大勢已去，蘇聯的態度發生了一百八十度大轉彎，開始與共黨頻頻接觸，商談建立國家關係。

新中國建立第二天，蘇聯迫不及待地與國民黨斷絕外交關係，再次向國民黨露出了反覆無常的本來面目。

51.

制英，無奈紳士難自顧

由於殖民擴張的廣闊市場和第一次工業革命帶來的工業生產力，英國於十九世紀中期成為全球第一經濟大國。十九世紀末二十世紀初，被美、德超越過去，喪失了工業壟斷地位，與德國在殖民地問題產生矛盾，「一戰」後變為債務國。雖然頻頻活躍於世界正式舞臺，但受到經濟危機的衝擊，老牌資本主義的雄風不再，面對法西斯侵略，英國於一九三八年簽訂慕尼黑協定，推行綏靖政策以求自保。

瘦死的駱駝比馬大，蔣介石堅信這一點，就在這種情況下，還眼巴巴地盼望英國出面阻止日本對中國的侵略。

英國殖民地本來就多，加上國力不允許，本土都存在威脅，哪有能力顧得上在中國的利益損失，之前國民政府陸續收回英國租界就是明證。

一九三九年，德國橫渡英吉利海峽並轟炸倫敦，英國和德國「綏靖」不下去了。蔣介石再次與英國談判，英國表面答應與中國一起抗日，卻不做出實質性表示，且幕後操縱西藏地方政府，阻擾中國政府修築中印公路。

轉眼到了一九四一年年底，太平洋戰爭爆發，日軍進攻中國香港、馬來西亞、菲律賓等東南亞地區和國家，並擊沉英國遠東艦隊主力艦「威爾士親王」號，逼迫駐香港英軍投降，攻陷新加坡和緬甸，英屬殖民地印度安全危在旦夕，英國的態度才開始轉變，與中國建立抗日軍事同盟，並設立由中、美、英三國軍人組成的統帥部聯合參謀處，指揮中、越、泰、緬軍事。

此時的印度對於英國，真可謂一枚燙手山芋。印度作為最大的屬地，且自治鬧得不可開支，英國不可能不保護以維護切身利益。

但英國與德國在本土酣戰，正努力保家衛國，兵力較少的英軍根本無法阻擋日本在緬甸的進攻，蔣介石立刻組建抗日遠征軍進入緬甸作戰。這個禦敵於國門之外且促進中英合作抗日的兩得之舉，卻首戰失利。

對付自顧不暇又自命不凡的英國老紳士，蔣介石於一九四二年果斷出訪印度。蔣介石的目的主要在於，與英國駐印度當局商量抗日和保障援華物資安全，緩和印度自治實力與英國當局的矛盾，以便集中印度全國之力共同抗日。

蔣介石一方面答應出兵保護印度，一方面支持甘地和尼赫魯的自治運動，在印度占盡了風光，贏得了英國在國際事務上對中國的支援，更一舉解決了西藏問題。

儘管如此，但英國確實自身難保、無暇他顧，不但對華援助捉襟見肘，且英軍屢遭敗績、遲遲不展開對緬甸日軍的反攻，更為防止西藏利益受損而背後干預，導致中印公路不得繞道緬甸，為抗日戰爭帶來極為不利的影響。

「二戰」結束後，英國大概是為了表達一下謝意，不顧國力衰微的現實，向國民黨海軍援助艦艇，結果這些艦艇不是被撞沉、就是起義到了共方，好事沒做成，還影響了兩國的關係。

52. 效德，法西斯早為千夫指

蔣介石發動政變「清黨」，斷絕了與蘇俄的聯繫，近處的日本靠不住，與美國還沒搭上線，便積極向德國尋求幫助。

蔣介石對德國的關注不亞於日本和蘇聯，一直推崇日爾曼人的民族精神；德意志民族走出「一戰」的陰影並迅速壯大，蔣介石似乎從希特勒及法西斯主義上找到了改變中國現狀的法寶；趕緊讓戴季陶等人組團，拜訪德國。

上世紀三〇年代的中國，法西斯主義風生水起：黨辦刊物宣傳法西斯主義、類法西斯組織「復興社」成立起來、黨化教育強硬推行……。

一向以優等民族自居的希特勒當然不待見這群來自東方的「弱小民族」，但中國巨大的市場和豐富的資源是德國實現侵略擴張的有力支撐。

一九三六年，兩國簽訂了《德華信用借款合同》，希特勒向蔣介石贈送軍刀、照片、汽車，蔣介石為希特勒送去生日祝福，為德國各級官員授勳示好。

蔣介石最欣賞德國的軍事教育和訓練，德國人投其所好，派來大批軍事顧問。顧問們先培訓包括蔣介石在內的軍隊高層，再逐步為政府的軍、警、國防等部門出謀劃策。德國軍事顧問名不虛傳，帶來治軍先進經驗，幫助蔣介石建立嫡系精銳部隊，還協助蔣介石對日本侵略做出預判，並制定切實可行的抗日計畫。

顧問之外，隨著《中德易貨協定》和《德華信用借款合同》的簽訂，讓蔣介石豔羨的德國軍火和一億馬克的商業貸款進入中國，而作為交換條件，中國每年向德國出口數千噸鎢、銻、錫等重要的戰略資源和大批農產品，支持了法西斯軍備建設。

遇到過的合作，國民黨政府受益是明顯的，軍隊得到整肅訓練，戰鬥力提高了，特別是德式裝備的部隊更成為抗日的主力；中德合作在中國發展重工業；最讓蔣介石心花怒放的是，德國著手調停中日戰爭，但讓蔣介石失望的是，這個調停一開始就不中立，德國大使陶德曼對日本提出的無禮要求照單全收，隨著日本的蠻橫和強硬，調停很快失敗。

更讓蔣介石不可思議的是，希特勒對日本的態度轉變了，還假惺惺地表示要保持中立。一九三八年，德國召回大使、軍火停售、顧問離華，兩國關係逐漸走向冰點。一九四〇年，德、義、日三國結盟為軸心國，德國承認日本侵華行為和汪偽政權，蔣介石是可忍，孰不可忍，太平洋戰爭剛剛打響，就宣布與軸心國宣戰。

世事無常，短短的十年時間，兩個國家便從密友反目成仇，這固然與蔣介石的動機不純有關，但具有決定作用的是以希特勒為首的法西斯集團本性所致。也幸虧希特勒先拉下臉皮，而蔣介石醒悟得早，沒有與德國沆瀣一氣，成為軸心國成員；如不然，不但是中華民族的災難，也是全世界的災難。

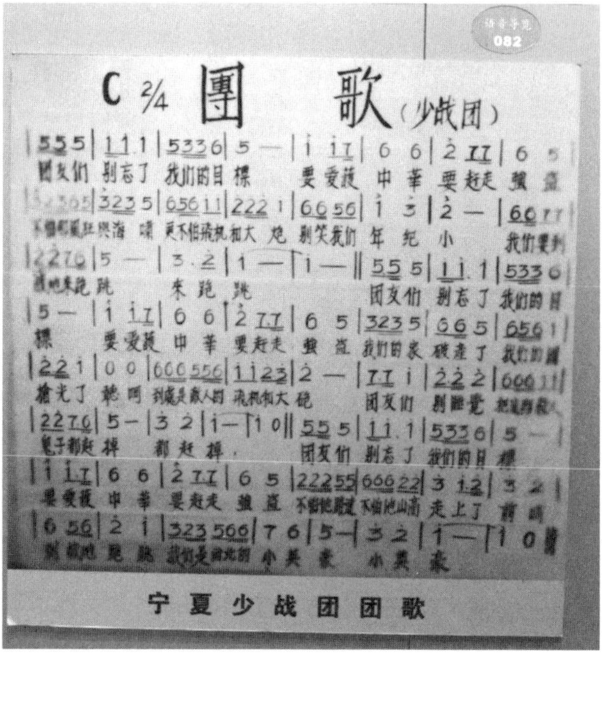

1949年3月26日，解放軍舉行盛大入城式，各族群民眾迎接解放軍

第六章

特務：看不見的失敗促成看得見的潰逃

53. 一開始就打錯了算盤

特務組織是經過特殊訓練並執行特殊任務的特殊群體。從定義中可以看出，特務組織與一般組織的區別是「特殊」，而蔣介石卻去掉了「特殊任務」這個特殊，讓特務組織介入到黨政軍民各個領域，對特務出現事實上的誤讀。

國民黨的特務組織肇始於一九二六年前後，比共黨的還晚，最先在國民黨組織部內設立黨務調查科，後承擔起「調查黨員思想及派系隸屬」職責，一九三〇年設立特務組，主要任務是對付共產黨和情報搜集。

由蔣介石親自抓起來的特務組織出現得更晚，但一開始就有私人耳目和爪牙的影子。從戴笠的情報搜集，到成立於一九三二年的三民主義力行社下的特務處，到遍布全國各地的基層組織，特務隊伍不斷發展壯大。

至此，「黨務」和「軍方」兩大特務組織初具規模。接著，兩個特務組織合併在新成立的國民政府軍事委員會調查統計局下，成為正式政府機構。

蔣介石的扶持和戴笠的指揮管理之下，特務組織快速發展。蔣介石為鞏固獨裁統治，一九三八年，國民黨中央組織部黨務調查處改組為國民黨中央調查統計局，頭兒是徐恩曾；原力行社特務處擴大為國民政府軍事委員會調查統計局，由戴笠負責。「中統」、「軍統」一黨一軍兩個特務組織，各自為政，競爭發展。

中統觸角伸向交通部、財政部、海外部、教育部等國家機關，發展到二十萬人的規模；軍統幹部四萬多人，下屬人員九萬多，但控制了員警機關、部分地方武裝和偽軍。

抗戰結束後，懾於國內民主呼聲，也忌憚特務勢力膨脹，蔣介石對特務組織裁員改組。軍統改為國防部保密局，裁掉差不多二萬人，都入了員警隊伍，一樣從事特務的活動。中統改為黨員通訊局，成員也和原軍統特務一樣換了個身分。他們雖然不像抗戰期間那樣明目張膽，但明暗配合，互相勾結，對社會的破壞性更大。

兩大特務組織一直伴隨國民黨從興盛到沒落，對於打擊派系、對付共黨、強化黨紀軍紀，特別是抗日情報資訊搜集，具有重要作用。但是，特務頭子們表面上對蔣介石忠心耿耿的特務，實際上悄悄經營自己的勢力，利用手中的特權營私舞弊，剪除異己，最終成為寄生在黨國體制上隨時可能致命的毒瘤。

兩大特務組織、特務組織內部各派之間的爭鬥從來沒有停歇，一方面加重了國民黨的統治難度，另一方面給敵方特務可趁之機。將特務手段運用到政治鬥爭，是封建王權陰影的遺留和法西斯病毒的傳播，是極為反動和沒落的行為。蔣介石卻如獲至寶，特務活動順勢進入黨政軍民各個角落，全國上下人人自危、人人怨恨，最終奮起反抗，與共黨一起將其與蔣家王朝一併埋葬。

54.

復興社，黨內黨外都不滿意

一九三二年，十三個均有黃埔軍校畢業背景的青年人，在蔣介石的授意下，成立一個以「復興中華民族」為宗旨的青年組織。

不管初衷如何，復興社從組建、成立到展開活動，無論怎麼看都不像一個國家元首做的事，倒與黑社會相似。

此說並非空穴來風，復興社成立之初，戴笠等這些日後叱吒風雲的人物都模仿義大利和德國的黑衣軍，穿藍衣黃褲，人們又將其稱為「藍衣社」。看看這身行頭，聽聽這名字，很容易就聯想到「義和團」、「小刀會」之類。

復興社弄得神神秘秘，是因為這個團體的主要任務是在中國推行法西斯主義，以期挽救內憂外患的國家。當時，外有日本侵略，內有共黨作亂，而國民黨和軍隊內部鬥爭不止，除此非常組織和手段之外，蔣介石似乎也拿不出更好的解決辦法。

在法西斯主義甚囂塵上的上世紀三〇年代，懷著對「法西斯主義救中國」的期盼，復興社還是很受人追捧的。

在當時的國人看來，共產主義革命、民族革命和民主革命均有其獨特性，唯有義大利式的法西斯革命適用於中國。

法西斯集中全國人民的意志，讓義大利、德國從危機走向強大，為什麼不能讓中國復興呢？因此，蔣介石對復興社寄予厚望，親擬了「驅逐倭寇，復興中華，平均地權，完成革命」十六字綱領，以期能像納粹一樣，在中國創造德義的「輝煌」。

後來，以復興社「十三太保」為班底，成立「三民主義力行社」，取「革命需身體力行」之意，簡稱力行社。

如果把復興社比作國民黨內的一個政黨，那力行社就相當於復興社的執行委員會。力行社大搞特務活動之外，大力訓練軍警，幫蔣介石培養嫡系；還到部隊監控軍隊，對高中以上學生展開軍訓。

復興社由蔣介石親任社長，設有總社、支社、分社和小組四級組織，機構健全，並透過周邊組織「革命軍人同志會」和「革命青年同志會」大力發展社員，壯大實力。

復興社大張旗鼓地展開這麼多的活動，遠景目標是「復興民族」，近期目標是希望全國將國民黨改造成「法西斯主義政黨」，將蔣介石塑造成一個「法西斯領袖」，舉全國之力抗日。願望是好的，也並非老百姓不支持，復興社沒完成「一個主義、一個領袖、一個國策」的根本原因，在於蔣介石和國民黨始終「獨而不裁」，特別是國民黨基層組織暗弱，無法實現一黨獨裁，蔣介石的個人意志無法真正貫徹。

任務既然沒完成，還讓黨外人士特別是共黨找到攻擊蔣介石的標靶——「獨裁」，而在黨內進行同樣一件事情的CC派與之矛盾重重，在文化教育領域爭奪甚熾，不得不悄然謝幕，轉而以秘密特務組織的方式繼續活動。

55. 中統，越界的中組部

ＣＣ系（團）的有無，史學界尚無定論，當事人陳果夫、陳立夫又矢口否認，因此，我們姑且不論。但陳氏兄弟先後擔任國民黨組織部長，把持國民黨黨務大權十餘年，不可避免地有一批死黨和追隨者，圍繞陳氏兄弟的這股勢力在國民黨內具有舉足輕重的地位。

陳氏兄弟帶著團隊在「清黨」行動和整肅國民黨的工作中立下了汗馬功勞。陳立夫擔任組織部長後，工作範圍遠遠超越國民黨黨建，而染指「情報、調查和安全領域」，直接針對共黨，這一投其所好的行動得到蔣介石的賞識。蔣介石授意陳氏兄弟秘密成立「青天白日團」（青白團）和「中國國民黨忠實同志會」，自任首領。與復興社相比，這一團一會更加神秘，加入組織者非但對蔣介石絕對忠誠，還要履行一套具有法西斯和封建色彩的儀式。有了蔣介石認可的組織，陳氏兄弟的特務工作展開得有聲有色，勢力也由國民黨上層向行政、文教和經濟部門等基層滲透。一個政黨的組織部，工作方式應該是文治而非武功，前期「清黨」處於非常時期，動用一些殺招還說得過去，但把這些手段用在自己同志身上，怎麼看都不像現代政黨的做法。也許是蔣介石太過迷戀武力，封建專制思想又在腦子裡扎了根，更讓組織部變了味。組織部設黨務調查科無可厚非，調查科卻不止於調查，下設一個龐大的特務網路，發展為「特工總部」，部分省市還設有類似監獄的「反省院」或「感化院」，以至黨務調查科都養不下，改為黨務調查處。特務網扛著蔣介石的尚方寶劍有恃無恐，在「清黨」中將大批真正的國民黨員也連帶清除。

一九三七年，蔣介石將黨務調查處與軍委會特務處合併成「國民政府軍事委員會調查統計局」，由陳立夫兼任局長，這就是威風八面的「中統」前身。中統局直接隸屬國民黨中央黨部，組織依附於各級黨部機關，省市黨部設調查統計室，以下黨部設有專員。中統局的特務活動被排除在軍、憲、警等軍事部門之外，主要負責黨政機關，對付共黨及一切反對黨派，監控社情輿情。因為有國民黨中央作為靠山，中統的工作遠遠超越「調查統計」之外，將勢力延伸到國民黨各基層組織，在文化團體和教育系統頗有勢力。在黨內，中統利用特權，在黨政系統安插親信，壯大勢力，常藉打擊共黨之名，打擊壓制對手，引起其他派系特別是軍統的嫉恨。到了後來，甚至愈來愈不聽號令，這絕對是蔣介石不能容忍的。他轉而扶持軍統，將中統先後更名為黨員通訊局、內政部調查局，漸漸冷落了去。

56. 尾大不掉的軍統

一九三八年，軍事委員會調查統計局（軍統局）擴編成立，復興社算是修成了正果，雖然似乎沒有多大的名分，但軍統局的前身一直獨立存在，如一九三二年的復興社特務處、國民政府軍事委員會調查統計局第二處、南昌行營調查科，都是名副其實的特務組織。

在組織和編制模式方面，軍統局和中統局差不多，所不同的是歸屬部門、活動範圍和成員不一樣，軍統隸屬軍委，主要負責軍、憲、警和對外的情報安全工作，「軍統」成員為終身特務。

抗戰全面爆發後，軍統局迅猛發展，基層組織遍布全國，乃至東南亞，活動範圍也向與戰爭密切相關的行政機關、交通、金融延伸。

中統、軍統二局雖然都對蔣介石耳提面命，但至少半個中統還操控在黨務實權派手裡，而軍統頭子戴笠在國民黨內無根基無靠山，軍統純粹是蔣家王朝的廠衛機構。正因為如此，軍統才能處處壓制中統，不將黨紀國法放在眼裡，成為一個讓許多人心驚肉跳的名字。

軍統對蔣介石和國民黨政權勞苦功高，在反共上不遺餘力，許多共黨地下組織、重要領導和重要行動被軍統破壞，不少反蔣勢力被消滅。

軍統在對付日偽上也功勞卓著，特務們以「游擊隊」、「行動隊」、「別動隊」的方式在日占區展開偵察、破壞、暗殺活動，獲得重要的抗日情報，清除了許多臭名昭著的漢奸分子，超過一半的軍統人員犧牲在抗日特務工作中。

功勞是自身勤奮和絕對權力結合的產物，軍統也一樣，在蔣介石的默許下擁有與「蓋世太保」一樣的特權。他們插手國家軍隊、員警、司法和各行政、事業部門，超越公檢法司，囊括監視、偵察、立案、逮捕、審理、懲處等一攬子大權，特別是到了後期，軍統勢力愈來愈龐大，掌握的秘密愈來愈多，蔣介石對這個機構又愛又怕。

擁有這樣大的實力和權力，肯定會遭到主子的忌憚和同行的嫉妒。同時，軍統自身也存在問題，在執行過程中，採用非常手段錯殺或濫殺無辜；為完成任務，與日偽甚至共黨勾結，遺患無窮；利用一切手段，打擊同行和對手，製造血腥事件；利用權力損公肥私，中飽私囊……。

這些蔣介石都看在眼裡，但並非他一句話就能解決的。

一開始，軍統就按照秘密的原則建立，各級只對上級頭目負責，下級對上級無條件地服從，在給予優厚待遇的同時又加以最嚴格的處罰措施，軍統只聽命最大的老闆戴笠，其餘人等無法控制。軍統與軍方密不可分，它一直擁有屬於自己的武裝，以便衣的方式執行抗日特別任務，抗戰勝利後編入交警總隊，他們接受嚴酷而先進的美式訓練，行動能力特別是非常規作戰的能力是一般軍人不能望其項背的；軍統還借助手中的特權，染指和操控部隊和員警機關。

尾大不掉，功高蓋主。軍統這枚愈來愈大的苦果，最終讓蔣介石以他們最熟悉的方式解決掉。

57.

相生相剋不過是一廂情願

蔣介石深諳中國傳統馭人術——讓被控制者窩裡鬥，以便分而治之，這才有了中統和軍統兩套人馬。

中統局資格老、發家早，幫助剛上臺的蔣介石鞏固統治立下了大功，又在一九三一年的「顧順章案」中一戰成名；關鍵在於，它直接聽命於把持國民黨黨務大權的陳氏兄弟。中統不聽話沒什麼，那就扶持另外一個特務機構來抗衡，軍統局應運而生。

軍統頭子戴笠不像二陳那樣根深葉茂，又是黃埔嫡系，用起來放心。兩大機構老老實實按照蔣介石的心思，各立山頭，自成體系，但並非只有鬥爭沒有聯合。

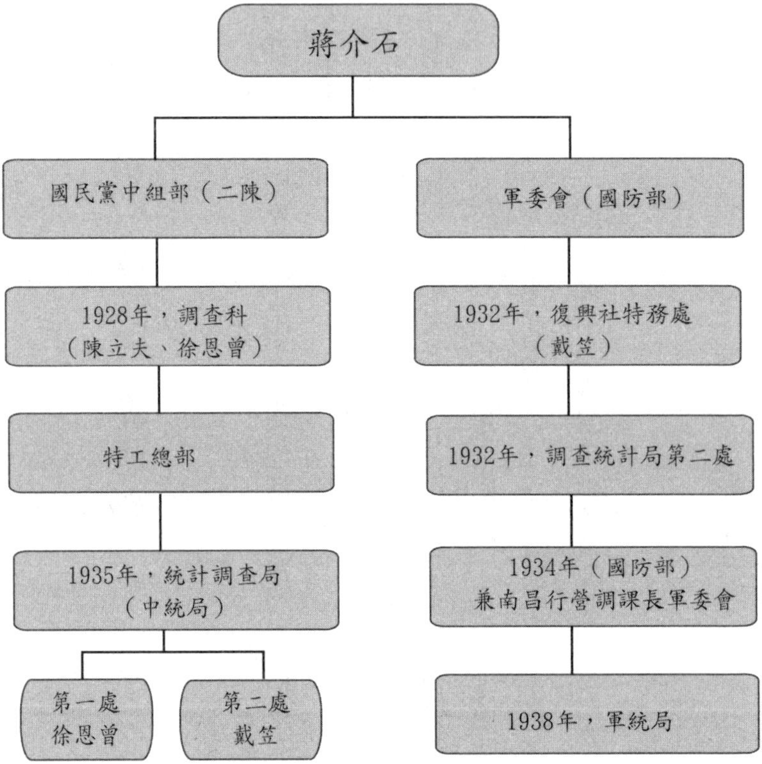
蔣介石
國民黨中組部（二陳）
軍委會（國防部）
1928年，調查科
（陳立夫、徐恩曾）
1932年，復興社特務處
（戴笠）
特工總部
1932年，調查統計局第二處
1935年，統計調查局
（中統局）
1934年（國防部）
兼南昌行營調課長軍委會
第一處
徐恩曾
第二處
戴笠
1938年，軍統局

兩大特務組織圖

上圖基本反映了中統和軍統前期的發展，值得注意的是一九三二年，戴笠在當復興社特務處處長時，兼任國民政府軍事委員會調查統計局（老中統）第二處處長；一九三五年，「調查統計局」）將二陳的特工總部和復興社的特務處併在一起，徐恩曾和戴笠分別擔任處長，戴笠在中統局一直做到一九三八年。

中統展開特務活動較早，兵強馬壯，特務們在國民黨內見官大一級，在破壞共黨和黨內派系鬥爭中發揮了重大的作用，深得蔣介石寵愛。

隨著二陳在黨內勢力增長，中統只給二陳彙報，而沒有向蔣介石彙報，這讓蔣介石大為惱火。

三十年河東三十年河西，軍統成立時正值抗戰，軍事鬥爭超越黨內鬥爭上升到國民黨所有政治活動的首位，戴笠能力超強，深得老蔣信任、且奉行「特務愈多愈好，組織愈大愈好」的思路，勢力愈來愈大，影響大大超越中統。

兩大特務組織一直暗中較勁，摩擦不斷，但大抵能守住行規、井水不犯河水，各自相安無事。抗戰結束後，共同的敵人消失了，面對的是對利益的爭奪，兩大組織的爭鬥由地下轉為地上，公然「搶人搶物搶情報」，搞得黨內黨外怨聲載道。蔣介石讓兩大組織相生相剋的目的達到了一半，收穫的卻是兩虎相鬥的結局，已經到了非採取行動不可的時候了。

此時，在國民黨內部蔣介石的地位已經無人能夠撼動，他擔心的無非軍隊，而這麼多年來，中統事情沒達成多少，煩心事卻不斷，蔣介石決定首先拿中統開刀。先將徐恩曾免職，爾後改組為中央黨員通訊局，逐漸縮編為內政部調查局，但從名字都可以看出，中統的職權漸漸收縮，最終喪失了作為一個特務機構存在的理由。看看中統，軍統的命運可用脣亡齒寒來形容，戴笠飛機失事後，蔣介石迫不及待地改組，軍統局拆分為國防部第二廳和保密局，輝煌已經昔日黃花。

兩大組織最終被解決掉，但蔣介石的損失也是巨大的，在沒了戴笠的軍統後期，蔣介石在軍事指揮和調動上捉襟見肘，恐怕只能徒生哀嘆。

58.
名聲是自己搞臭的

幾乎每個國家都有特務組織，但很少有像中統局和軍統局這樣臭名昭彰的，主要原因恐怕在於其濫殺無辜的非常手段。本書前面說過，國民黨有暗殺的傳統，蔣介石就是一位暗哨的高手，殺戮更被中統和軍統分子運用到了極致。對共黨及同類勢力，殺！中統和軍統都以保衛國民黨及政府，維護蔣介石的統治為己任，反共是工作的主要內容。對待共黨及嫌疑人，無非逮捕和殺害，或則製造災難，中、軍二統的發展歷程，就是一部血跡斑斑的殺人史。針對共黨最猖獗的殺戮為：一九二七年開始的「清黨」和一九四九年前後的大屠殺。

對反對國民黨統治的力量，殺！民間黨派和團體的活動，嚴重影響國民黨政府的統治，在民主的招牌下無法羅織罪名，只得讓特務組織登臺。不聽話的人動輒遭到威脅、綁架、逮捕和殺害，楊杏佛、史量才等人就是代表，而學運、工運後，死的人更多；特務還收買流氓，冒充社團，對各種反對活動伸出黑手；特務還打入反對組織的內部，很多人在不知不覺中被逮捕和殺害；暗殺之外，中統和軍統還藉助權力，調動軍警行兇。

對內部反對者，殺！反對國民黨政府和蔣介石的自然是逮捕和暗殺的對象，那些阻礙中軍二統發展的絆腳石也難逃一劫。蔣介石的幕僚、政學系的楊永泰，就因為彈劾、打擊了二陳，而招來殺身之禍。

直接殺戮之外，還有不少特務手段。恐嚇算是其中最輕的一種，但也難免造成人心惶惶。逮捕次之，只要鎖定目標，便胡亂定一個罪名，將其抓走。逮捕之後就是囚禁了，上世紀三〇年代，中統建有反省院、感化院，拘禁、「教育」共黨，名字聽起來不錯，其實就是監獄；國民黨在息烽、重慶、蘭州等地建有專門監獄，主要關押共黨及其他政治犯，以「中美特種技術合作所」為代表的特務組織，對犯罪嫌疑人採用高科技和最原始的刑罰。

不管是明的暗的，威脅、綁架、殺人這一套把戲，都非君子所為，更為現代民主法治所唾棄。由於特務沒有穿著統一制服，潛藏在市井，往往將逮捕變成綁架，將打擊變成暗害，與軍警、司法和行政手段配合起來，更讓人杯弓蛇影、惶惶不可終日，非但一般老百姓，就連那些權高位重的黨政軍高官，聽聞中統和軍統，也不寒而慄。重慶談判時，取締軍統作為共黨的條件之一，可見其名聲之臭。國民黨內更藉機向軍統和中統開火，牆倒眾人推的局面很快出現，蔣介石想保也保不了，何況蔣某也惡其臭名，欲處之而後快。

59. 特務不能包治百病

對武力的迷戀和對法西斯的崇拜，讓蔣介石對特務手段深信不疑，並且革命前期「特務活動」著實收穫不小。比如，彭家振刺殺良弼給了大清朝臨門一腳，廖仲愷被殺讓國民黨左派一蹶不振等，蔣介石於是放手讓「老特務」陳其美的兩個侄子大搞特務活動。

特務工作似乎一抓就靈，中統肅清了國民黨內的共黨，還大肆搜捕、殺害和策反，給共黨的生存和發展造成極大傷害；軍統刺探情報、瓦解敵軍，協助國民黨軍隊搞定中原大戰，打擊地方軍閥，取得國內統一，深入日占區，建功抗日戰爭，功勳卓著。但是，因性質和功效不同，特務無論如何不能成為治黨治軍治政的萬靈丹，更無法包治百病。

特務對共黨及反對人士的活動造成很大的困難，卻無法從根本上剷除共黨，更無法取勝和俘獲民意；相反的，特務的迫害、監視、逮捕和暗殺成為共黨反宣傳的良好素材。每次破壞和暗殺都成為共黨勢力擴張的契機。顧順章被俘及隨後的屠殺，使共黨的活動更為隱秘，組織紀律更加嚴密；楊杏佛被殺，民權保障同盟受到重創，卻將左派勢力徹底推向共黨陣營；吉鴻昌被害，國民黨陷入不抗日的輿論漩渦。「軍統」打入共黨內部，不但無功而返，還反遭共黨特工潛伏；「中統」打擊反對黨派、監控社會輿論的活動則屢屢受到國內和平呼聲的攻擊。國民黨特務工作的失敗，敗在對特務手段的濫用，即誤以為特務可以包治百病。權力不加制約，活動範圍擴張，勢力膨脹，在國民黨內部遭受嫉恨。共黨更恨之入骨，統一戰線建立共黨利用合法地位，利用國民黨特務的活動大做文章，旋即得到反對國民黨的民間勢力之附和，早已深受其害的百姓群起而攻之，國民黨內部人員也暗中呼應，中軍二統身敗名裂。一時間，黨外對國民黨一黨專政和黨化管制猛烈抨擊，而黨內則抓住「特務治黨」的把柄向蔣介石發難。國民黨特務看似權勢熏天，實則慢慢成為爹不親娘不愛的壞孩子。最壞者，如丁默村之流叛國投敵淪為漢奸，公然與人民為敵；再壞者，被共黨瓦解利用，對國民黨政府造成危害；次壞者，上層投機鑽營，忙著尋找後路，下層搜刮民財，中飽私囊；意志消沉，金盆洗手者，已經算得上蔣介石的好孩子了。

待到國共再次對立，蔣介石又開始重視特務組織，無奈中統和軍統的能量均大不如前，「黨通局」、「內調局」也好，「保密局」也罷，已經被擠兌得不成樣子，功效有限不說，還在軍隊和政界帶來很多副作用，促成了國民黨的迅速失敗。

60. 潛伏，讓國民黨敗得啞口無言！

不少文學和影視作品，將國民黨間諜描寫得一無是處，而共黨間諜各個都是孤膽英雄、屢建奇功。實際上，國共雙方的特務工作互有優劣，取得的戰果也不相上下。由於國共雙方提供的史料不一，並有特定的歷史條件，我們無法比較兩黨特務工作的勝負。但至少，張國燾、周佛海、向忠發、顧順章等共黨早期高層領導被俘變節，足以說明國民黨早期的特務工作還是卓有成效。

到了後期，國民黨重要情報屢屢洩露、軍事行動頻頻失敗，不少重量級的國民黨將領起義倒戈，就不能不說國民黨特務工作出現了問題。共黨特務工作出奇制勝的一大秘訣是「潛伏」。潛伏對特工個人特質的要求很高，對打入敵方的方式有選擇，而間諜要實現安全的潛伏，還要有好的外部環境。論個人特質，共黨特務組織建設得早，中軍二統的特務也不差，但讓這些高素質人才放棄優渥的生活條件深入艱苦的「匪穴」，持久地潛伏下來確實並非易事。國民黨基層組織薄弱，真正忠誠黨的事業者出身貧苦的較少，即便忠誠，在國民黨的用人制度下，也難以進入特務頭子們的法眼，因此打入共黨內部的特工很難勝任工作。

國民黨作為執政黨，處在明處，且點多面廣，疏於防範，共黨很容易打入內部；國民黨治不嚴，紀律渙散，腐敗成風，也是共黨特工得以順利進入的良好條件。共黨組織嚴密，經常展開整肅運動，且宣傳深入人心，國民黨特工要想進入防範甚嚴的根據地，困難可想而知。共黨活動的地方，大多為窮鄉僻壤，物質條件極為艱苦，對國民黨特工的堅守是最大的考驗，往往不等共黨清理，自己就堅持不下去了。共黨特工在國民黨內部過著奢華的生活，只要沒有叛徒出賣，大多安然無恙，並且可以利用複雜的條件做掩護，順利送出情報。

被共黨譽為「龍潭三傑」前三傑中的錢壯飛和李亦農，前者任徐恩曾的機要秘書，成功截獲顧順章叛變的電報，後者在徐恩曾屬下的上海特務機構任股長，順利地傳遞了情報，合力保存了中共上海黨組織。熊向暉為後「龍潭三傑」後三傑之一，官至胡宗南的貼身副官、機要秘書長，胡宗南的作戰計畫讓熊一一傳遞給延安，而胡一直被蒙在鼓裡。國民黨內類似這樣的共黨長期潛伏者並不多見，但當事人深受其害後，擔心受到處分採取秘而不宣的辦法，明知是黃連也合著血吞下去，這無疑讓共黨潛伏者更肆無忌憚。共黨更利用聲望和影響，採取策反國民黨特工和在國民黨內部發展成員為其所用的方式，屢屢奏效。

61. 最終勝利不取決於技術和裝備

國共兩黨的特務培訓都取法蘇俄，共黨直接去蘇俄境內學習，似乎稍勝一籌，但在技術和裝備方面國民黨肯定占上風。中統聚集了大批反共菁英，透過「小組生活」和「小組學習」的方式，鑽研馬列主義著作和共黨活動內容，經常展開反共演練。特務們的偽裝技術達到很高的水準，透過建立各種類似共黨的社團組織，對共黨的迷惑和破壞很大。中統在各主要城市建立其完整的無線電轉播站系統。一九三〇年戴笠舉辦秘密通訊服務培訓班，在上海建立無線電學校，展開無線電培訓。總的來說，軍統的人員培訓及技術裝備發展較晚，但在抗戰後得到長足發展，一九三八年開辦「臨澧訓練班」，成為中國當時特務行業的最高學府。學校有情報、行動、諜參等專業設置和情報收集、研製、化裝、毒藥、盯梢、脫梢、綁票、格鬥、手語、暗號聯絡、攝影等課程安排。軍統的情報工作以電訊部門成功破譯了日軍偷襲珍珠港的絕密情報一舉成名。一九四三年中美合作所成立後，軍統得到美國提供的武器彈藥、交通工具及設備，開辦十多個中美合作訓練班，特工技能和裝備達到很高的水準。既然特務執行的是特別任務，成功的主要因素是精幹的、高素質的隊伍，而不是人員數量和硬體堆積。相比之下，共黨特工人少、裝備差，但人員精煉，專咬國民黨的罩門，比起國民黨特工的廣種薄收顯然收效更為明顯。

基於自身安全的考慮，共黨自創建起就開始保密和特務工作，特工們都具備了很高的防範和工作技能。一九二五年，共黨派專人到蘇聯學習，一九二七年成立軍委特務工作科，為隨後成立的「中央特科」打下堅實基礎。「中央特科」由日後共黨二號人物周恩來直接領導，下設四個科，分別負責警衛、情報、除奸和技術，隊伍靈活機動，戰鬥力很強。

共黨的情報工作，以潛伏為重要手段，上文說過，許多特工打入國民黨內部，長期隱蔽，獲得大量含金量極高的情報，還從事策反等工作，為國民黨帶來極大的危害。第三科，也叫紅隊，對叛徒實施定點清除，執行力非常強。在技術方面，建立有電臺，並去國民黨無線電學校和蘇聯的軍事學校學習技術，使用周恩來親自編制的「豪密」（由周恩來編寫的密碼），同時，培養了一批無線電幹部。共黨特工雖然人少、裝備差，但隱蔽性極強，所取得的成就讓中軍二統都嘖嘖稱奇。國民黨特工雖然實力雄厚，但因內部貪腐，管理難度大，雖然有所建樹，但經常露出破綻，到後來軍統內甚至發展出一支共黨特工。

1949年7月28日，解放軍第十九兵團六十四軍一九一師發起對固原任山鷹鴿嘴的攻擊，這是炊事班向前線陣地運送戰地飯菜。

第七章

主義：三民主義，大旗還是虎皮？

62. 百分之五十的三民主義，重民族，輕民權，不談民生

對一個政治理論概念以百分數來量化，有點奇怪。但不如此，無法具體了解國民黨對基本綱領的執行。

三民主義思想萌生於一八九四年的興中會，發展於一九〇五年的同盟會，形成於一九二四年的國民黨第一次代表大會。它是國父孫文先生的重大理論貢獻，是國民黨的靈魂、國民黨的中心思想，這一點是很明確的，但直到國民黨敗退臺灣之前，三民主義是裸足不前，始終卡在一半，不再動彈。靈魂既死，國民黨焉有不敗之理？

我們來看看它的前半段。先說民族主義，從「驅除韃虜，恢復中國」到「驅除韃虜，恢復中華」兩個口號的一字之差不難發現，片面的「排滿興漢」的主張已經淡化，直到一九二四年終於認清國內反動勢力和帝國主義的本質及危害，明確了反對帝國主義的內容，上升到國家獨立和民族解放的高度。民族主義表達了中國人的共同願望，執行強度和效果均

達到最佳狀態。比如，一九二四年，浩浩蕩蕩的北伐軍收回了九江和漢口的英租界，為國民黨賺了足夠的民意。八年抗戰，一寸河山一寸血，國民黨政府和軍隊與日寇殊死血戰，即便國土都淪喪了大半，依然堅持不投降、不妥協，最終獲得抗日戰爭的勝利。

相對於民族來說，民權做的要差一些，但與「君君臣臣」的封建王朝相比，民國還是有進步。如果按照孫中山先生制定的「軍政—訓政—憲政」的路線圖，實際情況肯定還要好得多，但蔣介石上位後，覺得這個總裁實在權傾一時、翻雲覆雨，索性拋開路線圖，抱著軍政不放手。雖然延用了西方三權分立那一套把戲，但蔣介石總裁一當許多年，為了連任甚至不惜修改憲法，戒嚴三十八年，死後又由兒子繼續當總統。對於民眾的輿論監督權，國民黨奉行大棒政策，先是控制，若控制不來的就恐嚇和暗殺。公民最基本的權力都沒了，不但老百姓心生怨懟，就連身邊的人也難免不滿。

其實，對於大多數底層百姓來說，民族的東西太遙遠，至於民權，那也是在溫飽解決後的事情。換句話說，如果國民黨能確實解決老百姓的吃飯和穿衣，也就是民生問題，事情會好辦得多。但國民黨偏偏忽略了這個根本，將饑寒交迫的大多數人拱手送給了對手，至少在人數上占了劣勢。

早期的革命菁英們出身優渥，以為百姓的生活也差不到哪裡去，既然大家的日子都好過，那就一起好好革命，一旦成功就「平均地權」。看似極具誘惑力的許諾最終沒有實現，也或許老百姓壓根就沒聽懂這個許諾。國民黨成立後，以四大家族和江南財閥為班底的上層自不必說，就連國民政府的普通職員薪資也相當豐厚，口袋滿滿的人不知別人的口袋多空，又有完沒完的打仗和爭鬥，哪裡想得到民生呢？

民生，民生，最終還得靠自己。靠自己怎麼解決？被層層剝削到沒糧、沒錢、沒土地的人，只有一條路可走，逼上梁山，和一樣窮的工人組成聯盟，死心塌地跟著共產黨，有了土地，有了餘糧，就一鼓作氣將這個不顧他們死活的政府一路趕到海上。

63. 戴季陶主義的理論錯誤

三民主義既已當機，國民黨和底下的政府要求重新啟動，按下按鍵的關鍵人物是戴季陶。此人早年受過袁世凱迫害，深知「百萬錦繡文章，終不如一枝毛瑟（槍）」的道理，卻自始至終依靠錦繡文章成就自己的事業。

自一九一二年到一九二五年，戴季陶一直擔任孫中山的秘書，國民黨第一次代表大會上，從小秘書一躍進入國民黨核心層。孫中山屍骨未寒，國民黨左右兩派就開始吵架，矛盾的焦點就是「聯俄、聯共、扶助農工」，脣槍舌戰中，戴季陶拋出了兩本書：《孫文主義的哲學基礎》和《國民革命與中國國民黨》。戴季陶的文筆沒話說，又自詡是孫中山思想的正宗傳人，這還了得，蔣介石、汪精衛等右派分子趕緊拜讀。

讀了後確立純正的三民主義！第一條就說得太對了，接著往下看，民族和國家的需要是進行各階級聯合的革命，大家都是好兄弟，搞什麼階級鬥爭嘛！還有一條，建立一個純粹的國民黨。這哪是什麼傳人，簡直就是和孫中山唱反調，把三大政策徹底打倒，蘇俄、共產黨和國民黨左派鬍子都氣歪了，右派們卻拍手稱快——寫得太棒了，就用你的名字，叫戴季陶主義吧！

戴季陶追隨孫中山，反袁、護法，鬥爭頗為賣力，還大力宣傳馬克思主義，甚至參與共產黨的籌備工作，但在共產黨成立的前夜，突然宣布效忠孫中山，這樣沒錯，反正都是革命嘛！但漸漸地，他不但與馬克思主義分道揚鑣，還站到對立面上，成為不折不扣的反共派。

純正的三民主義、純粹的國民黨，回頭來看，戴季陶主義的這兩條主張，其出發點是沒有問題的：一個黨派只能有一個主義，一個人只能有一個黨派，如不然你就退黨，絕不能腳踏兩條船，身在曹營心在漢。執行的最初階段也沒大錯，如大力宣揚鼓吹三民主義，拋出「整理黨務案」，製造「中山艦事件」，讓共產黨員、共青團員退出國民黨，哪裡來哪裡去，共產黨的歸共產黨，國民黨的歸國民黨。發展到一九二七年，事情出現實質性的變化，蔣介石和戴季陶叫嚷戴季陶主義，將「錦繡文章和毛瑟槍」結合起來，在上海發動「四一二」政變，汪精衛在武漢進行「七一五」分共，離俄清黨，逮捕殺害大批共產黨員和革命群眾。看起來，國民黨的威信樹立了，領導權穩固了，黨內團結了，但結果是可怕的：昔日的盟友變成敵人，共產黨在蘇俄的支持下，主動離開城市，放手發動群眾，點燃革命的星星之火。

戴季陶主義的主要問題在第三條，核心是實行不要階級鬥爭的社會主義。所有國民黨人，說起革命時都眉飛色舞，但這要看革誰的命，反清反軍閥反列強，北伐軍氣勢如虹地開過去！但提起土地革命和階級鬥爭，戴季陶期期艾艾地拉出孔老夫子，祭起「仁愛」為民生哲學之基礎，反對唯物史觀和階級鬥爭。他否認中國的階級和階級劃分，更不承認打到誰、幫助誰、解放誰，還許諾節制資本，溫和地實現社會主義。這在當時的中國，無疑與虎謀皮、緣木求魚，國民黨犯下一個最致命的錯誤，失去忠實的盟友，也將唯一可以遺存的資產階級這個基礎拱手相送。

如此一來，失敗，只是時間問題。

64. 山寨版的法西斯主義

簡單地將蔣介石歸類於法西斯主義，不但他本人不答應，其後來抗日反德的具體行動足以否定，就連希特勒本人也難以接納。而縱觀上世紀三〇年代國內一系列獨裁和專制，國民黨與法西斯又斷難脫離關係。

對法西斯主義，蔣介石一貫持謹慎態度，但經不起張靜江、戴季陶之流的慫恿，稱納粹黨──黨魁阿道夫．希特勒採取鐵血政策，推行法西斯主義，讓積弱積貧的德國一躍成為歐洲的強國。

一九三〇年代，正苦於國內分裂暗弱、外敵虎視眈眈的國民革命軍總司令蔣介石心動了，口說無憑，決定派人去德國實際考察考察。

先出去的是戴季陶，此行雖然不受希特勒接見，卻也兢兢業業為黨國計，詳細考察了德國的政治、經濟和軍事，回來向蔣介石添油加醋地彙報。接著，朱家驊去了，請回一批德國退休軍官，誤打誤撞協助蔣介石取得第五次「圍剿」的成功。

一批特務頭子去了，回來仿效黨衛軍建立了復興社等特務組織。一批農產品和戰略物資去了，換回大量德國造槍炮。《復興月刊》辦起來，登載關於德國戰後復興的介紹……，法西斯主義在中國盛行一時。

對於法西斯主義的利弊，蔣介石並非沒有清醒的認識。他認為在樹立國家威權、號召老百姓犧牲自身利益服從和服務與國家和民族等方面，法西斯統治具有無可替代的效能，但是，法西斯主義的擴張本性，不符合中國的「大同」精神，且政治本身無法移植，唯有孫文學說，才是唯一適合中國的政治理論。同時，蔣介石發現，與義大利等法西斯國家一樣，中國沒有推行民主政治的社會歷史背景，必須經歷「訓政」階段，才能過渡到「憲政」時期。

於是，蔣介石從實用主義出發，結合中國國情，汲取他認為的「法西斯」合理成分，洋為中用：以忠孝仁愛信義和平構建民族的自信；在組織、精神和活動上實行軍事化，倡議服從和犧牲；推崇對領袖的信仰。概括起來，就是民族主義、軍國主義和領袖崇拜。當時的國民黨，派系林立，各自為戰；當時的中國，名義統一實則強橫割據，共黨慢慢坐大；當時的國際，列強隔岸觀火，任由日寇蹂躪國土。

國民黨和政府內憂外患、危機四伏、風雨飄搖，與其說讓蔣介石承擔貫徹民族主義、軍國主義和領袖崇拜之過，不如說是歷史的必然選擇。不管承認與否，蔣介石的這一套手段，在維護國民黨和國民政府統治，樹立個人權威，整合全國力量取得抗戰勝利方面還是具有積極作用。

山寨版畢竟是山寨版，不但功能和效用大打折扣，還會傷害使用者本身。一黨制和中央集團自始至終遭到各種力量的反對，蔣介石的獨裁，一直獨而不裁；國民黨的類法西斯組織，沒有也不可能像納粹在德國一樣招搖過市，最終淪為名聲不好的特務爪牙，其行為更保守詬病，成為對手攻擊的口實。

更可笑的是，抗戰勝利了，國民黨的很多人還抱著山寨版的法西斯主義不放，最終天怒人怨，為天平失敗的這頭增加了砝碼。

65. 右派的盲目與狂妄

共產黨與國民黨的蜜月期遲早都會結束，因為兩者的出發點不同，前者代表以工人和農民為主的無產階級，後者代表有產階級。無論是替地主買辦階級、民族資產階級右翼說話的國民黨老右派，還是代表民族資產階級和上層中產階級的國民黨新右派，都註定不能與共產黨同舟共濟。

一九二四年初，國民黨第一次代表大會召開，在蘇俄的力主下，基於反帝反封建的共同需求，國共兩黨建立革命統一戰線。國民黨黨員成分不純，派系紛爭，革命屢屢失敗，共產黨雖然晚成立一年，但「五四」以來，共產主義在中國廣泛傳播，在各省、市建有組織，擁有廣泛的群眾基礎，孫中山體認到兩者合作共贏的機會，於是大膽改組革新，聯俄聯共壯大力量，扶助農工堅實基礎，思路是正確的。但藉助國民黨「聯俄容共」政策，部分共產黨重要成員迅速向國民黨高層滲透，國民黨大有被「赤化」的危險。辛辛苦苦立下的基業，被人後來居上，且有可能取而代之，這是誰也不願看到的事情。

既然合作革命，免不了相互利用、滲透和競爭，只能固本強身，才能在共贏之後立於不敗之地。但右派們可不這樣想，兩黨合作開局，就盲目地越過「防共」，明目張膽地開始反共；爾後又輕視了共產黨的實力和再生力，妄圖以武力瞬間解決所有的問題。

國民黨剛剛改組，鄧澤如、張繼、謝持等老右派就拋出了《彈劾共產黨案》，彈劾不成就暗殺，目標不是共產黨而是左派領袖廖仲愷。廖仲愷何許人也，與孫中山合夥創業、情同手足，黨內威望僅次於孫。對他的死，不但左派和共產黨氣憤，就連右派也抱不平，國民黨迅速成立汪精衛、許崇智、蔣介石三人特別委員會調查處理。有重大嫌疑的胡漢民和軍政部長兼粵軍總司令許崇智被驅逐。廣東待不住，老右派跑到北京西山的碧雲寺開會，討論出取消共產黨的國民黨黨籍、解除蘇聯顧問職權等決議，又去上海另立國民黨中央，形成西山會議派。廣州這邊，國民黨趕緊開會，對一幫老右派給予開除黨籍、警告、批評等教育處分。

這一鬧，國民黨力量削弱，共產黨在輿論上占了上風。最受益的是以蔣介石為首的新右派，踩著老右派的病體逐漸把持國民黨的領導權。在排擠共產黨方面，新右派聰明得多，一方面在黨內灌輸戴季陶主義，一方面利用共產黨並伺機採取打擊措施。蔣介石先利用孫文主義學會分子，散布共產黨要暴動的謊言，製造緊張氣氛；緊接著暗令海軍局代理局長、共產黨人李之龍調動軍艦製造「共黨暴動」的假象，將黃埔軍校和國民革命軍第一軍中的二百五十多名共產黨員全部退出，並辭退部分蘇聯顧問。到了一九二六年，蔣介石眼看時機差不多，就在國民黨的第二屆二中全會上拋出「整理黨務案」，限制共產黨在國民黨領導機關的人數和權力，大批新右派順利進入國民黨領導機關，而蔣介石本人也登上陸、海、空總司令的寶座。

北伐戰爭剛結束，大權在握的蔣介石便開始了針對共產黨的一系列行動，如「四一二」、「七一五」等。表面上看，每一次行動，共產黨都遭受重創，節節敗退，但共產黨不但沒有被斬草除根，反而在一次次失敗中總結教訓，徹底放棄借雞生蛋的幻想，在國民黨鞭長莫及的偏遠農村建立根據地和軍隊，以至於在爾後的「五次圍剿」、「長征追剿」、「西北剿共」、「皖南事變」、「國共內戰」中，國民黨不得不投入呈幾何數增長的兵力，共產黨卻剿而不滅，最終取得勝利。

如果國民黨不那麼盲目和狂妄，虛心向共產黨學習，採取對手的那套辦法，努力加強自身組織建設和基層建設，慢慢地反滲透，最後的勝利尚未可知，至少不會敗得那麼慘。

66. 左派幼稚病，治不了的沉痾

對於國民黨左派，歷史上一直有爭論。如果說純粹的左派，廖仲愷算得上一個，而汪精衛則只能算是被迫的左派。不管真左還是假左，兩人都身患幼稚病沉痾，前者被害，後者淪為漢奸。

廖、汪二人均為孫中山的左臂右膀，都是死心塌地的革命黨，為中國革命做出了重大貢獻，且均進入國民黨和政府領導層。廖仲愷一直主管財政，並在黨內位居要職，被譽為「黃埔慈母」，他高舉三民主義的旗幟，唯孫中山馬首是瞻，堅定不移地主張「聯俄、聯共、扶助農工」三大政策，被國民黨右派、封建軍閥和帝國列強視為眼中釘、肉中刺。

廖仲愷位高權重，又是性情中人，執行的是不折不扣的孫中山路線，自以為只要是真正的革命者就無堅不摧，無往而不勝。危機四伏之時，還發表文章《革命與反革命》，矛頭直指老右派。

一九二五年八月，死神一步步逼近，廖仲愷卻不以為然，先後拒絕夫人何香凝、汪精衛等人的善意提醒，不加防範，連個衛兵都不帶，最終被人槍殺在廣州國民黨黨部門前。廖仲愷既死，國民黨左派萬馬齊喑，只留下一所「農工學校」，而老右派拍手稱快，新右派更一石二鳥，借道出山。

對於汪精衛，需要多說兩句。此人的前期革命行為還是可圈可點的，孫中山走後，汪精衛主持國民黨中央政治會議，確立孫中山領袖地位，組建委員會制和國民政府，擔任軍委主席和宣傳部長，主張北伐……，還是做了不少事情，被推為廣東國民政府的主席。

但汪精衛不擅長鬥爭，蔣介石先斬後奏炮製「中山艦事件」反共事件，根本不將他這個國民政府和軍委雙主席放在眼裡，想來點硬的，朱德培等人卻不給面子。結果，只好腳底抹油去國外轉一圈。

不知道是不是因為史達林撐腰，一九二七年，汪精衛回到武漢，在從廣州前來的國民政府中當起主席。武漢這地方，國民黨右派勢力暗弱，基本上是左派和共產黨的天下，由於形勢有利，共產黨左傾得厲害，工運和農運進行得轟轟烈烈，國民政府都控制不了局勢。長此以往，汪精衛這個主席要怎麼當？

於是，四月份還口口聲聲譴責蔣介石的汪精衛，矛頭一轉，高喊「寧可錯殺一千，不可讓一人漏網」，策劃和實施「七一五」政變，大肆捕殺共產黨。挽回了這點政治資本，汪精衛跑到廣州以圖東山再起，不料好事的共產黨抓住城內兵力薄弱的時機，悍然發動廣州起義，還成立了新政府。汪精衛在國民黨內再無威信可言，廣州待不下去了，只得又跑路出國。這一跑就跑遠了，拿著蔣介石給他的行政院長職務與日本簽字求和，一九四〇年，公然在淪陷區南京成立的偽國民政府擔任主席。

這個汪精衛，說他圓滑，有時又幼稚得可笑！曾熱血澎湃刺殺攝政王載灃未果、留下千古名句「引刀逞一快，不負少年頭」的英雄，走上了可恥的漢奸道路。

67. 前門拒虎，後門進狼的民族主義

民族主義放在三民主義之首，其受重視程度不言而喻。孫中山更將其發展到「一則中國民族自求解放，二則中國境內各民族一律平等」對內「中華民國人民一律平等，無種族、階級、宗教之區別」（《中華民國臨時約法》），對外反對帝國主義。

國民政府在內憂外患的艱難條件下，先後成立蒙藏委員會、西康省、寧夏行省、青海行省，穩定對新疆的統治、頒布喇嘛轉世辦法，加強對少數民族地區的治理和邊疆維護，功不可沒。但不可否認的是，國民政府對內的民族政策，表現出大漢族主義傾向，比如，認為雲、貴、川、廣西一帶存在少數民族，但並非獨立存在的民族，而直接納入漢族範疇；只承認藏、滿、回、蒙幾個人數較多的民族之政治地位，但不給自治權；不承認少數民族的獨立性；推行民族同化政策等等。

諸如此類認識和民族政策的實行，勢必嚴重傷害少數民族同胞。在國民黨的高壓統治之

下，他們敢怒不敢言，一旦共產黨和紅軍點燃造反的火種，一路長征便出現一路燎原之勢；除了少數與國民黨親近的王公貴族，不少少數民族不但傾向支持共產黨，還堂而皇之地舉起反對國民黨統治的大旗。

對外講民族主義是國民革命的先要，也是一國之立國前提，國民黨不能不強硬，但要讓百廢待興的國民政府將滿清和軍閥政府遺留下來的問題全部解決，又著實為難。清朝以降，中國淪為半殖民地社會，國民革命取得初步勝利後，國民政府立刻廢除了晚清所簽署的一系列不平等條約，隨後收回東北、臺灣及澎湖列島的主權，成為世界反法西斯四大領袖國之一，並於一九四六年成為五個常任理事國之一。

在對外政策上，國民政府實現了真正的民族主義，取得曠世成就，但是帝國列強在中國嘗到了太多甜頭，不願輕易放棄這塊肥肉，國民政府的民族主義註定是前門拒虎，後門進狼的民族主義。

一九二三年，蔣介石考察前蘇聯後，寫了一封長信

給廖仲愷，信中提到：「……所謂俄與英、法、美、日者，其利於本國與損害他國之心，則五十步與百步之分耳……」可見，蔣介石本人對列強的狼子野心認識是相當清醒的。

國人受列強欺侮太多、欺騙也太多，國民黨的民族主義不單單是逆水行舟，還要提防暗礁、險灘和江賊，可謂苦苦支撐，因此，對外國列強有時表現出毫無餘地的強硬，有時又顯得優柔寡斷。比如，對蘇聯與虎謀皮，丟了外蒙不說，還讓對方掣肘，眼睜睜讓共產黨進入東北，建立強有力的軍事基礎，改變了雙方的懸殊力量。在與美國等反法西斯國家爭取抗戰主動權和勝利後的處置權方面，也不得不委曲求全，做了很多讓步，以至於讓共產黨悄然做大，養虎為患。

68.

被斷章取義的民權

我們有理由相信，早期的革命黨人對權力是比較大方的，這一點孫中山做出了表率。那是因為權力尚在滿清或軍閥手裡，既然有了些許權力，聞到權利的香味，國民黨還堅持依靠每個人的自覺來保障民權，那就有點可笑了。

在當時的條件下，孫中山關於民權的「軍政—訓政—憲政」思路有相當的合理性。對實行了二千多年封建統治的中國，立刻施以憲政的猛藥，肯定是撐不住的。對全國實施軍管，集中人力物力反帝反封建，老百姓沒意見；在國民黨的領導下接受訓練，慢慢學習擁有和使用權力，老百姓也可以接受。但如果一味忽視民智和民意，將民權主義斷章取義，乾脆將後半頁的憲政撕掉，搞獨裁上癮，一點權力都不給老百姓，結果必然是老百姓犯上作亂，爭取自己的權力和衍生的利益。

國民黨的這一套，與其階級立場密不可分。不單單是許多革命黨人出身封建官僚家庭，主要資助革命者也大抵是出生於封建官僚大財閥，當國民黨取得全國政權之後，與地主階級和官僚資產階級結盟順理成章。既保證了他們的權力，作為民之民族資產階級、工、商、學、兵手中權力只能是聊甚於無，至於農村，民權被識文斷字的豪紳、會黨把持，農民手中的權力就如被苛捐雜稅層層剝削的經濟，一窮二白了。

民權既被斷章取義，為一黨一人所專有，那就想怎麼用就怎麼用，根本談不上制約，所謂黨的代表大會制和委員會制、政府的五權分立制都成了形而上學，黨和政府的腐敗在所難免，而且愈來愈烈。對老百姓的權利要求，蔣介石等人誤認為是專制不夠徹底，於是希特勒法西斯的那一套辦法都用上了，結果國民黨專制就不可能逃離專制主義天生的怪圈：專制、反抗、更專制、起義（最大的反抗）……，直到後來頹敗臺灣，才一步步放鬆專制，讓這個圈子圓滿起來。

再來看看國民黨統治之下的人民。因國情和歷史的原因，與政府爭權者大多為出國留洋、見多識廣的菁英分子，或嘗到權力甜頭的同志，他們或透過輿論宣傳、或真刀真槍地與國民黨叫囂，除了共產黨，絕大多數只希望分一杯權力之羹，並不是真的想要國民黨下臺，畢竟要治理當下中國這個爛攤子並不是一件容易的事。當共產黨拋出一個政治協商的方案，國家的事商量著辦，好多人都趨之若鶩，但國民黨就是不答應，這一來就把自己徹底孤立了。

在數量上占絕對優勢的農民，其實並不見得要「當家作主」，至少在當時只求個溫飽就可以了，但國民黨這個最起碼的條件都不給，就怪不得「農民起義風起雲湧」了。

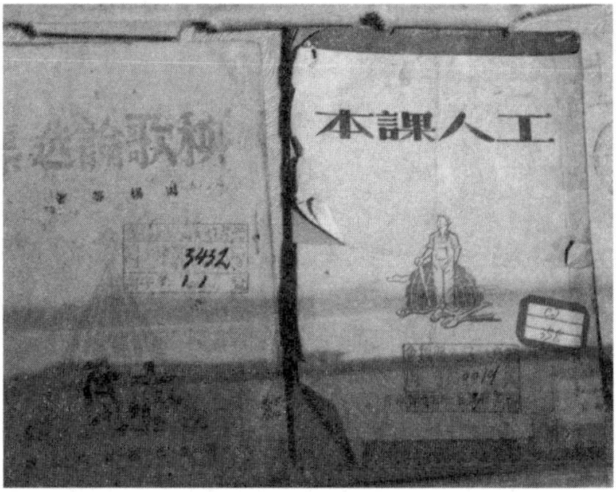

69.

民生主義不過是畫餅充饑

國家的根本問題其實是民生問題，尤其在中國這個經濟落後、人口眾多的大國。就這一點，蔣介石不用說了，就連孫中山在確立三民主義時也有點本末倒置。民不聊生，民也斷不會聊（民）權和（民）族。老百姓吃了上頓沒下頓且衣不蔽體，你總不能硬逼著他們去履行民權、抵抗外侮嘛！撇開這個不論，民生主義希望發展經濟，改善人民生活福利，出發點還是好的，它是孫中山提出「政治革命」外的「社會革命」指標。說得簡單點，它不外乎解決土地與資本兩個問題。對於土地，採取「平均地權」、「土地國有」的方式，但承認「現有之地價仍歸原主所有」，只承諾「增殖歸公」，即「革命後社會改良進步之增價，則歸於國家，為國民所共用」。對於資本，實行「節制資本」和發展「國家社會主義」。但很明顯，這個社會革命過於捷徑化。土地集中在少數地主手中，絕大多數農民沒有土地，承認地價為原主所有基礎上的平均地權不過是紙上談兵，而土地國有，實際上還是封建地主所有。在發展資本方面則步子跨得更大，在民族資本主義尚處於萌芽狀態的中國，不加以保護而節制，直接發展國家社會主義，無異於緣木求魚。民生主義只能是畫在空中的一個餅，其最終結果，沒有為老百姓帶來福祉，卻恰恰為封建地主和官僚資本提供了溫床。

蔣介石統治階段的民生問題就更糟了。國民黨右派的背景是官僚買辦財團，除了少數國外富商，這些財團都是靠土地起家的，蔣介石從事土地革命，無異於自斷生路，何況自古以來也沒有搬起石頭砸自己的腳的道理。高高在上的「貴族」領導層，定居在繁華的城市，早已享受發達國家的生活水準，很少到基層走一走，哪能去管缺衣少食的農民。蔣介石去蘇俄走了一遭，對蘇共的那一套已經排斥，甚至以為土地革命就是共產，有赤化的嫌疑。傷筋動骨的土地革命被無限期擱置起來，不但連起碼的減租減息實行不了，且因為龐大的軍費和公務開支，老百姓被剝削得更厲害，連大清朝的光景都比不了，心早就涼得如六月冰水。

民族，雖然生計不愁，但在政府和壟斷財閥的算計下，動輒傾家蕩產，朝不保夕，日子也不好過；財閥們整天謀算的是如何與官權勾結，爭取利益最大化，根本沒有心思發展民族經濟。國民黨失去占全國人口百分之八十五以上的農民，政權雖如空中樓閣，但尚能勉力支撐，當共產黨開始土地改革、鼓勵民族工商業並向封建集團和官僚資本開火時，僅有的幾根木柱也被鋸斷，政權之樓閣結局就只有一個——傾覆。

70. 不識時務的反共策略

內戰之前，蔣介石對共產黨的大規模反擊有三次，第一次是一九二七年至一九二八年的清黨運動，第二次是一九三〇年至一九三三年的五次圍剿，第三次是發生在抗日戰爭期間一九三九年至一九四三年對共的軍事進攻和政治打擊。縱觀世界革命史，恐怕沒有哪一個合法政府允許有反政府武裝的存在，因此對國民政府來說，對井岡山的五次圍剿無疑是必須的也是正確的，只為了能斬草除根，以免留下禍患。但清黨和抗戰後期的反共則有不識時務的嫌疑。

國民黨的「聯俄容共」政策是在前蘇聯的支持下、聯共遠東局的指導下實施的，共產黨在國民黨內滲透的速度之快連蘇共也始料未及，於是，在蘇共的幕後操作下，蔣介石開始了清黨運動。蘇共之所以要蔣介石這樣做，是因為共產黨並不聽話，蔣介石雖知其中奧妙，但為了達到自己的目的，決定鋌而走險。

蔣介石的這一步棋確實危險。怎麼說呢？一方面，共產黨在國民黨內一直秘密活動，除了少數在領導崗位上的共產黨，絕大多數人並未將共黨和團員寫在額頭上，這個「清」的難度可想而知。果不其然，一場來勢兇猛的擴大化運動在黨內展開，除了共產黨人員，大批真正的國民黨員也未能倖免，當然西山會議派等派別更休想逃脫。並且，一場旨在清除共產黨和土豪劣紳、貪官汙吏和投機分子的政治整肅運動，演變為一場場血腥的武裝鬥爭，變為打擊報復的洩憤鬥爭，一時間，國民黨中下層黨員惶惶如喪家之犬。

殺敵一萬，自損三千。共產黨被清，國民黨也損失慘重，更可怕的是，廣大熱血青年黨員和農工黨員被清除，國民黨新鮮血液減少了；地方黨組織遭到極大破壞，土豪劣紳等舊勢力搶班奪權，國民黨的基層組織建設從此一蹶不振。

抗日期間對共採取的行動分別為：第一次是一九三九年，中國軍民的英勇抗戰讓全面侵華兩年的日本不得不改變策略，對國民黨政府以政治誘降為主、軍事打擊為輔，親日的汪精衛集團公開投敵，繼續抗戰的蔣介石鬆了一口氣來，似乎捕捉到消滅共產黨的機會，於是，召開國民黨第五屆五中全會，將政策重點由抗日轉移到反共。緊接著的一九四〇年，反法西斯同盟形成，蔣介石有了英美的支持，對華中的新四軍進攻，展開第二次行動。一九四三年，蔣介石發表《中國之命運》一書，並閃擊延安，對共產黨開始了政治和軍事攻勢。

清黨也好，圍剿也罷，作為執政黨的國民黨還名正言順，而抗戰期間對共產黨的行動則於情於理都說不過去。為什麼呢？這裡有個前提，一九三六年西安事變讓蔣介石非常被動，不但直接讓「第六次圍剿」胎死腹中，還被迫同意，將在陝北的中央紅軍改編為國民革命軍第八路軍，將南方十三個地區的紅軍游擊隊改編為國民革命軍新編第四軍，並先後發表《中央為公布國共合作宣言》和承認共產黨合法地位的談話，進而形成了抗日民族統一戰線，並展開第二次國共合作。

有了這個前提，國民黨豈不自相矛盾、師出無名？更何況大敵當前，如此仇者快、親者痛之事也為天下人所不恥，國民黨首先在道義上失了一著。但如果國民黨獲勝了，也可以不管它什麼道義不道義，問題的關鍵在於：雖然共產黨領導下的軍隊受到重創，但總體來說，這幾次行動都以國民黨的失敗而宣告結束。

71. 協商不成就翻臉

一九四五年日本投降，中國人民取得抗戰的偉大勝利，但頭上的戰爭陰霾一刻也沒有消失，眾人的目光都聚焦重慶。

起初幾個月，山城重慶傳來的都是利多的好消息。一九四五年八月二十九日，毛澤東到達重慶，代表中共與國民黨代表團談判，十月十日簽署《雙十協定》。一九四六年元旦後不久，又一個十日，按照「雙十協定」的規定，由國、共、其他黨派及社會賢達參加的政治協商會議在重慶召開，通過了一系列的協議。

別高興得太早。重慶談判因軍隊和共產黨占領區政權兩個根本問題沒有解決，實際上根本沒什麼建樹，不久，蔣介石乾脆公開撕毀「協定」。對於政治協商會，據稱有中央委員在國民黨中央會議上暴跳如雷，痛罵政協協議，搞得蔣介石都下不了臺。

其實，蔣介石早就被動得很。如果不承認共產黨及軍隊的合法性，就不該提出談判，更不該在十月十日的協定上簽字；如果不想推行民權，那乾脆政治協商也不要，更不要通過那些協議。但一切成了事實並公諸於天下，共產黨等在野黨和社會賢達們該做的做了，好像只能看國民黨臉色行事，國民黨也好像掌握了戰與和的決定權，實際上接到了一顆燙手山芋。戰吧！沒有百分之百的勝算不說，在道義上又輸給共產黨；不戰呢？光黨內那些反對的聲浪就擺不平，何況政治協商的每一項條款，對國民黨來說都打斷骨頭連著筋。

此時此刻，蔣介石也難以處理了。蔣介石本來就獨而不裁，對這樣決定黨、國命運的大事更難以裁決，國民黨第六屆二中全會成為戰與和的關鍵。就政協決議和對共黨的態度，會上形成了強硬派和溫和派兩派，前者視政協為道具，以完成戰爭的魔術，後者主張與共黨謀和。權利，權利，權和利從來都形影不離、脣齒相依。作為一個浴血奮鬥數十年的執政黨，要放下架子接受在野黨，交出已經成為習慣的一黨壟斷執政權，與其他黨派民主競爭，談何容易！

就在政協召開的前後，在重慶爆發了針對民主黨派的「滄白堂事件」和「較場口事件」，兩個事件一前一後，「視力較好」的民眾發現，談判和協商不過是國民黨掩人耳目的舉動。緊接著，國民黨的專家們和筆桿子撰文攻擊政協憲草和政協，為日後展開做輿論準備。

經過激烈討論，國民黨第六屆二中全會通過了決議，既對政協未表公開之反對，又對中共嚴加斥責，並在憲法問題上推翻了政協決議，看似照顧了溫和派與強硬派，實則強硬派占了上風。

當遙遠的東北響起隆隆的炮聲，所謂的政治協商就成了昔日黃花，內戰不可避免地爆發了。

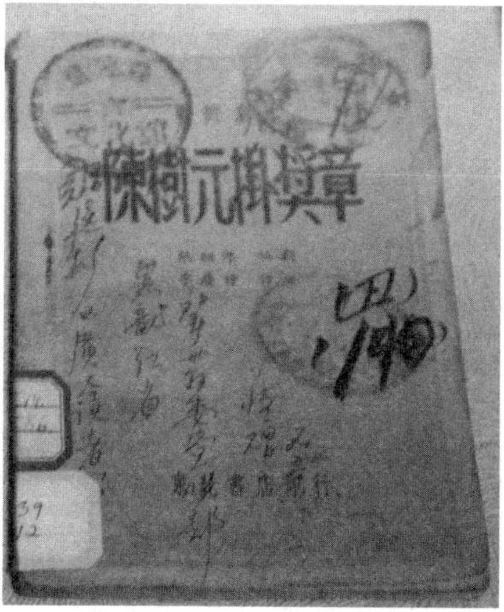

中國人民解放軍總師令朱德接見十九兵團軍以上領導

第八章

黨權：錯把暫時當永遠

72. 師俄，沒有學成就開業

蔣介石早年的求學路線圖是中國—日本—中國—日本，而這位遠俄反共的國民黨統帥，還有一段在俄國考察學習的經歷，只不過是個半調子學生，並未取到蘇俄真經，便草草結束了學業。

作為一名熱血青年，蔣介石一直留心俄國革命，並認真研習俄文。一九二三年，受孫中山之託，為爭取經濟資助和軍事支援，蔣介石擔任孫逸仙博士代表團團長訪問俄國，從上海經東北，輾轉來到莫斯科。

在蘇俄，蔣介石目睹了數十萬人的群眾集會，受到俄羅斯共產黨（布爾什維克）、共產國際、蘇俄軍方等高級領導人的熱情接待，提交了《中國革命的新前景》的作戰計畫、《國民黨的宣傳工作方案》和《致蘇俄負責人員意見書》，介紹了中國革命現狀，闡述了三民主義思想，並提出讓蘇俄幫助在中國西北地方建立軍事基地的要求。

此次訪問，蔣介石首先是訪問團的團長，國民黨和中國的「使節」，其次才是學生，因此，他更在乎為黨和國家爭取利益，這些無疑都是正確的，也取得了實質性的成就，比如，蘇俄和共產國際對代表團的報告基本認同，對中國革命形勢的分析也基本正確，並同意幫助中國建立軍事學校、軍事基地、派駐軍事指導等一堆的要求。

在這個前提下，雖然蔣介石在訪蘇期間也潛心攻讀馬克思主義著作，參觀學習蘇俄的軍事建設和政治組織建設，但註定是走馬看花式的訪問而不是真正的學習。因此，除了感嘆蘇俄偉大的革命成就和建設成就，感嘆武器先進和軍事力量的強大，感觸蘇俄領導的平易近人，蔣介石對蘇俄軍隊中的政治委員制度和共產黨組織並不感興趣，尤其當蘇俄拒絕在當時中國境內的外蒙古庫倫建立中國軍事基地的要求後，蔣介石更為失望。

蔣介石排斥蘇俄和共產國際提出的加強政治宣傳和動員的建議，片面地認為大多數中國人民不識字，屬於小農階級和小資產階級，斷言中國不能進行無產階級革命，不能使用「共產主義」口號。事實上，掌權後的蔣介石也是這樣做的，就為日後國民黨失去基層人民的支持埋下了禍根。

雖然蔣介石看到蘇俄政府人員驕傲自滿、言而無信，俄共（布）內勾心鬥角的弊端，但沒有想出解決的辦法，以致國民黨和國民政府重蹈覆轍，特別是黨內和國內的派系鬥爭，讓蔣介石大傷腦筋，挫傷了黨國的元氣。

蔣介石對蘇俄的共青團組織很感興趣，三青團的組織和建設，不難發現部分學習的痕跡，但因為缺乏強有力的組織紀律，三青團不可避免地成為滑向秘密社團的行列。蘇俄「優待農工而輕士商」，蔣介石拋掉前半部，取法後半部。前者危害之烈不必說，單單看不起知識分子和商人，就為執政時期的系列錯誤政策張本，也就失去了更多的民意支持。

蔣介石回國之初，為了革命的需要，尚能踐行「聯俄容共」政策，後來翅膀硬了，乾脆將蘇俄的那一套全盤推翻，推行經自己修訂過的三民主義政策。這個沒有畢業的學生，空喊了一陣「聯俄、聯共、扶助農工」的口號而無實際革命行動，被踏踏實實學習蘇俄的共產黨校友打敗也就在所難免了。

73. 聯俄容共不過權宜之計

由於國民黨軍事力量不足，兩次護法運動均以失敗告終，孫中山意識到，求人不如求己！

一沒錢，二沒槍，三沒地盤，要建軍事談何容易。請求外援？歐美列強靠不住，日本包藏禍心，唯一有點希望的是十月革命後的俄國——雖然沙俄北極熊曾有侵華行為，但蘇俄已經表明立場，宣布以往俄國歷屆政府和中國訂立的一切條約均無效。

孫中山頻頻寫信打探口氣，一九二三年，蘇俄代表帶來好消息，蘇俄同意給錢——二百萬金盧布；同意給槍——提供軍事物資、開辦軍校和幫助建設軍事基地。這簡直就是雪中送炭，孫中山自然喜上眉梢，第二年就把黃埔軍校建起來。

蘇俄自有他的算盤，將擁有廣袤土地和數億人口的中國納入自己陣營，爭取可靠的同盟軍，壯大自身實力，推行共產主義的革命主張，減少資本主義國家對自己的威脅，進而實現霸權；另一方面，因列寧隱退，蘇俄上層出現權力鬥爭。因此，在和中國打交道時，蘇俄始終有觀望和保留的成分，比如，不向孫逸仙博士團展示更多的軍事秘密，不願意退出對外蒙古的控制等。而在推廣革命主張方面倒是不折不扣，比如，要求允許中國共產黨的成員以個人身分加入中國國民黨，改良三民主義以更適合共產主義，總之，盡可能地將中國革命納入他們既定的軌道。

對蘇俄的用心，國民黨高層有較為清醒的認識，包括極力「聯俄容共」的孫中山也僅主張容共而不是聯共。

蔣介石因為三個月訪問有了更真切的認識，對蘇俄和中共心存戒備，甚至將蘇俄等同英、法、美、日等帝國主義國家。但由於當時的國民黨力量實在弱小，不借助蘇俄力量無法達成革命，「聯俄容共」實在是不得已而為之；當時的蔣介石雖然深得孫中山信任，但為了獲得國民黨的領導權，也不得不委曲求全，按照蘇俄的要求來辦。

中國共產黨本來就是在共產國際的直接領導下建立的，可謂俄共（布）的真傳嫡系，哪裡還等國民黨同意，將觸角心急火燎地伸入國民黨內部，不但黨員人數急速增加，還迅速控制了國民黨的諸多要職。

長此以往，不是容共或聯共，而是能不能為共所容的問題了。

這一切，可能是孫中山也始料未及的。蔣介石等國民黨右派看在眼裡急在心裡，趁蘇俄支持尚在，忙不迭地拉共產黨一起北伐。

當北伐軍開到財富中心——上海，有了江南財閥們的支持，蔣介石便開始清黨行動，與共產黨劃清界限。

在當時條件下，聯俄容共幾乎是國民黨的唯一選擇，錯就錯在沒將「容」把握好，被蘇俄和中國弄成了「聯」，這一「聯」，不但把原本就成分複雜的國民黨弄得清濁不分，還在人員、地位、組織和軍事上都大大壯大了共產黨的勢力，為自己培養了一個強大的對手。

74. 組織建設，沒有償還的舊帳

國民的起源，可以追溯到孫中山於一八九四年成立的興中會。興中會的章程規定：會員入會須繳納銀元五元，可隨處成立分會，並沒有對會員的組織約束和獎懲措施，可見興中會是一個組織鬆懈、紀律渙散的組織，而於一九〇五年併入同盟會的其他團體——華興會、光復會更是如此。

受西洋政黨思想影響至深的早期黨人，過於樂觀地估計了國內革命形勢，不老老實實展開組織建設和群眾工作，而是忙著組織暗殺和起義，希望很快取得成功。也怪清王朝政權太腐朽了，武昌城的一次士兵譁變煽動了蝴蝶翅膀，辛亥革命的旗幟在全國翻騰。革命後，全國各地革命黨和不革命的都打出革命的旗號，趕走總督巡撫道台，分錢、分糧、玩女人，哪裡還有什麼革命信念和宗旨，更談不上紀律約束了。

一九一二年，同盟會與其他四個小黨聯合組成國民黨，人員成分日趨複雜。接下來二次革命失敗，國民黨四分五裂。

一九一四年，孫中山在日本成立中華革命黨，試圖為黨立規矩定方圓，卻遭到很多黨人的抵制，當中華革命黨總部遷回上海後，宣布停止黨務，黨組織更陷入一盤散沙。孫中山終於看不下去了，於一九一九年將中華革命黨改組為中國國民黨，制定了新黨章，黨務工作剛剛取得一點成績，第二次護法戰爭失敗，國民黨又遭受重創。

和西方議會政黨一樣，國民黨上層和一般黨員脫節，黨員的隨意性很強，基層組織薄弱甚至沒有。在這樣的政黨領導下，能取得革命的勝利，簡直就是奇蹟。在接受一次次失敗後，孫中山痛定思痛，決定再次改組國民黨，正式起點是一九二四年的國民黨第一次全國代表大會。

正如前面所講，撇開蘇俄的一些利己主義想法外，在共產國際指導下的這次改組，對國民黨還是有積極意義。

新三民主義確立了，革命有了明確的方向；統一戰線基本形成，廣大老百姓有了方向；軍校和軍隊建立起來，大夥兒腰板硬了。最重要的是，國民黨補上了組織建設這一課。容共也好，聯共也罷，反正從連隊、鄉村為基礎的各級黨組織建立起來，並且有了嚴明的組織保障，黨的成分純潔了，組織嚴密了，凝聚力和戰鬥力大大提高。

不由你不服，平叛、東征，國民政府建立，也就一年的功夫。

一九二七年清黨，國民黨清除了共產黨，也把共產國際傳授的組織建設法寶清除乾淨。國民黨前期在組織建設上的舊帳還沒有還清，又增加了派系鬥爭的新帳，蔣介石為了統一思想、加強團結，不想展開紮實的工作（情況也不允許），病急亂投醫，居然學德國納粹那一套，黨建這個爛帳窟窿便愈捅愈大了。

75. 黨爭的結果是內耗

對一個政黨來說，組織鬆散的直接後果是黨爭。

林子大了什麼鳥兒都有，何況國民黨這個全國性的政黨。中國歷來就有共苦不能同甘的劣根，革命初期，黨人可以拋頭顱灑熱血，一旦革命小有成就，便開始爭鬥。黨爭有主義之爭，更多的是權力之爭。

前者可以和平解決，後者一般會魚死網破，不管哪種又都會造成嚴重的內耗，讓第三方坐收漁利。

孫中山逝世後不久，以鄒魯、孫科為首的國民黨右派立刻開始活動，攻擊以廖仲愷為代表的左派，焦點集中在容共還是反共上，廖仲愷當然奮起反擊，本次鬥爭的直接後果是廖仲愷被明目張膽地暗殺、左派失勢。

事情還沒有結束。一九二五年，因廖仲愷被殺而被處理的老右派們不甘心失敗，將國民黨總部拋開，跑到北京西山的廟裡開起「國民黨一屆四中全會」，通過了反蘇、反共、反對國共合作等議案。西山會議派乾脆在上海成立「國民黨中央黨部」，在北方等地設立地方黨部，與國民黨中央立場對立，直到一九二七年蔣介石成立南京政府，才宣告終結。

另立中央開了頭，車子就剎不住了。

一九二六年，廣州國民政府遷到武漢，隨後，國民黨中央黨部遷駐南昌。隨著革命的發展，國民黨內反對蔣介石的聲音多了起來，此時，汪精衛，這個見狀不妙就腳底抹油的傢伙回國了，與蔣介石會面後，兩人達成一個換手摳背的私下協定。武漢的反蔣者暫時擺平，汪精衛主持黨務，如願以償。

殊不知，蔣介石為自己扶持了一個大對頭，見狀不對，南京的老黨魁們趕緊把胡漢民推上臺，另立一個政府。汪精衛在武漢主政的時間不長（五個月後便與南京政府合併），但明顯讓國民黨更加虛弱，而湖廣地區工運、農運和共黨活動異軍突起，直接導致共產黨的南昌起義。

汪精衛害怕日本，卻是窩裡鬥的高手，在越南河內晃了一圈不說，還在上海悄悄開了一個所謂的國民黨第六次全國代表大會。其他諸如此類的還有，一九二八年，國民黨左派譚平山等人去上海成立「中華革命黨」；一九三〇年，鄧演達在上海成立中國國民黨臨時行動委員會；一九四八年，部分國民黨左派建立「中國國民黨革命委員會」。

在國民黨的諸多黨爭中，以一九二七年蔣介石下野之際最為熱鬧，除南京和武漢關於「正統」之爭外，西山會議派也在上海以「正統」自居，出現一國二政府三中央的咄咄怪事，大大消耗了國民黨的實力。至於後來的桂系黨人之爭則為禍更久，後文將會論及。

天津學生聯合會報

THE TIENTSIN STUDENT

DEMOCRACY A GOVERNMENT FOR THE PEOPLE BY THE PEOPLE AND OF THE PEOPLE OUR MOTTO

76. 清黨清出更多派系

按照國民黨的設想，一九二七、一九二八年間的清黨運動勢在必行，它至少可以清除兩類人員，一為共產黨，一為混進黨內的土豪劣紳、貪官汙吏和投機分子，順帶也把西山會議派和國家主義派清洗掉。清黨的目的基本達到，當蔣介石掌權後，以前的老派系暫時偃旗息鼓，但隨著時間的推移，老派系演變出新派系或出現新的訴求，新的派系慢慢形成，國民黨內出現更為複雜的派系鬥爭。

一九二七年後，各大派系明爭暗鬥，都宣揚自己是國民黨的正統，不過，正不正統，最終由槍桿子說了算。蔣介石實力最強，在南京打出正統旗號，但黨內左派和右派、地方軍事集團明顯不滿，一度出現聯合反蔣的局面。

在日本全面侵華的前五年裡，西山會議派、陳公博發起的改組派等耍嘴皮子的派系不再發雜音，地方實力派除西南地區上有些反調外，大多歸順中央。外患尚存，內憂又起，國民黨的中央派（蔣派）開始了窩裡鬥。

首先是以陳果夫、陳立夫兄弟為核心的CC系（中央俱樂部，Central Club），黨羽遍布黨和政府機關，控制行政、教育機構和青年團體、工會，乃至各種出版物，中統是其主要工具，青白團也在其掌控之下。

其次是由軍官組成的黃埔系，他們效忠蔣介石，主要由軍官組成，但是，它對政治的關心也極為廣泛，至少是潛在的觸及國家生活的所有方面。大體來說，黃埔系概指黃埔軍校的教官和學生，他們以胡宗南、戴笠、鄧文儀和康澤等人為代表，對蔣介石絕對效忠，組成具有法西斯性質的藍衣社，或叫力行社作為指揮層，下面分別是「革命軍人同志會」和「革命青年同志會」，「中華復興社」和「民族運動委員會」、「中國童子軍勵進會」、「西南青年社」、「中國文化協會」和「忠義救國會」等周邊團體。藍衣社控制軍隊內的政治訓練，掌握直接聽命蔣介石的軍統。

其次是以政要人物為主的政學系，由朋友關係和政見相似的人自然形成，以黃郛和張群為代表，是蔣介石及黨政的智囊，影響力非同小可。

三個派別都是蔣介石所重視的，卻關係緊張，尤其是CC系和黃埔系，暗的爭鬥外，還不時發生明的衝突。

抗戰開始後，蔣介石明令ＣＣ系和黃埔系大派系停止活動，但分別又以「黨方」和三青團的形式繼續對抗，直到國民黨退出大陸舞臺方才消歇。

國民黨派系紛爭有其歷史淵源，而蔣介石為掌握權力而採取放縱甚至支援手段，確實是派系鬥爭愈演愈烈的直接原因。固然，蔣介石因此暫時維護了絕對統治，卻不可避免地耗費了國民黨的內功。

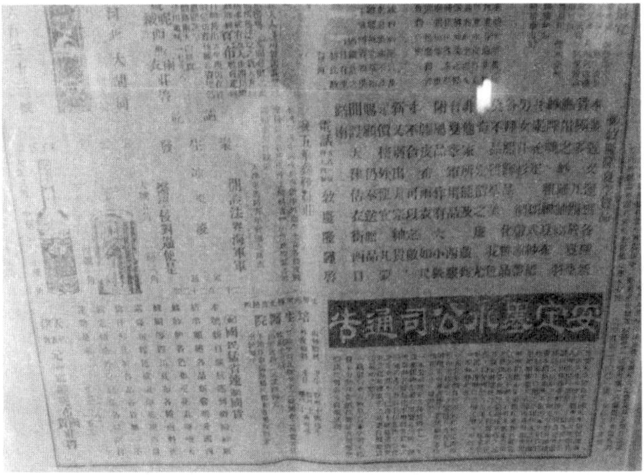

77.

黨國黨國，保住了黨，失去了國！

因為孫中山定下了軍政—訓政—憲政的革命三部曲，所以國民黨之後才陷入了獨裁與腐敗的泥潭中而難以自拔。在國民黨看來，他們就是中國的代表與希望之所在，所以黨即是國，國即是黨，他們從來沒有想過黨國這樣的提法究竟是否站得住腳。

由於國民黨的故步自封，一直將國家與政黨捆綁銷售，並以暴力的方式推銷給所有的民眾，這樣令人哭笑不得的強制消費，不但無沒讓黨國的概念在民眾心中扎根，反而引起了不小的反作用。最少共產黨和其他的黨派就並不認為國民黨就是國家的代表，國民黨也許在一段時間內能主宰中國的命運，但如果他做的不夠好，那麼民眾根據憲法有權力透過法律的途徑將國民黨轟下臺，這是民主的基調，但國民黨反其道而行之，非要將黨與國家捆綁在一起，若有人不認同，就一概以暴力鎮壓之，如此霸道自然會激起強烈的反抗。

就如同彈簧一樣，力氣大能將彈簧壓到最低，但當你一旦沒力氣時，反彈起來的彈簧就足以將你彈得頭破血流，開始用的力氣愈大，最後的結果就會愈嚴重。

一九四五年，日本投降之後，國共兩黨在重慶舉行會談，八年的戰爭讓國家支離破碎，百廢待興，所有的民眾都在期待著和平與建設。所以，率先發動戰爭的一方自然就在輿論中落入下風。

國民黨在抗戰結束後，未能正確衡量自己和共產黨力量對比的變化，依然死抱著黨即國家的論調，要求共產黨將到手的利益拱手相讓，自然會被共產黨一方所拒絕。共產黨有自己的盤算底細，透過八年的抗戰，共產黨愈戰愈強，地盤愈來愈大，如果國民黨能放棄一貫的高調與霸道，承認共產黨的在野黨領袖地位的話，那麼一切還好商量，但國民黨卻盲目的認為，有了美國人的支持，消滅共產黨只是彈指之間的小事，就大錯特錯了。

在國共內戰的較量中，國民黨一方節節敗退，全副武裝的美式裝備，卻敵不過共產黨的小米加步槍，遼沈會戰、徐蚌會戰中，弱勢的共產黨一方卻以不可思議的形式橫掃裝備精良的國民黨軍隊。到一九四八年底，國民黨終於意識到──仗打不下去了。

在這樣的階段，蔣介石出於黨內外的壓力而被迫辭職，由李宗仁擔任代總統，和共產黨展開和平談判，期望劃江而治。

蔣介石索然退居幕後，但依然在暗中操控著一切，但此時，已經占據了整個長江以北，並且將國民黨的精銳部隊消滅了大半的共產黨，已經不滿足於在野黨或者是北中國統治者的身分了，當力量不對等時，求和不過是自取其辱。緊接著，在毛澤東「宜將剩勇追窮寇，不可沽名學霸王」的指導思想下，中共軍隊渡過長江，一路南下，最終徹底瓦解了國民黨在大陸地區的統治。

而黨國此時就只剩下了一座臺灣孤島，黨還是那個黨，但國家卻已經不是那個國家了。國民黨一直提倡的黨國獨裁，不與任何人分享利益的結果就是黨保住了，但國家卻丟失了。

78. 只抓槍桿子，丟了印把子

自古以來，有軍隊就有權，毛澤東有句名言，叫「槍桿子裡出政權」，說的是同一個道理。

從廣州首義到護法戰爭，孫中山與會黨、新軍和地方軍閥妥協，經歷了無數次的失敗，革命幾乎走進死胡同；沒有自己的軍隊，是他最為痛心之事。但蔣介石對此認識更為深刻，他曾將辛亥革命失敗的原因歸結為「黨魁傾全力於外交與政黨，未能直接掌握軍事」。

說蔣介石是一介武夫頗不全面，但他確實是行伍出身，從最初的保定軍校和日本振武學校學生、日本陸軍士官候補，到參加光復浙江的戰鬥，到出任中華革命軍東北軍參謀長、粵軍第二支隊司令、大元帥府大本營參謀長、黃埔軍校校長兼粵軍總司令部參謀，到擔任國民革命軍軍長、總司令，帶領軍隊東征、北伐，蔣介石一步步領略到軍權的無窮魅力。正因為有了軍權，蔣介石才敢置蘇俄不顧，明目張膽地清黨；才敢與武漢的國民政府對立著，在南京另立政府；才敢視列強如草芥，極力伸張民族主義；才敢忽略老百姓的利益，將民生、民權置之腦後。

再好的槍也有走火的時候。一九二七年下半年，孤軍北伐的蔣介石被守在後方的汪精衛、李宗仁反戈一擊，被迫下野遠赴日本。這次失敗，蔣介石絲毫沒有對黨治引起警覺，反倒對軍權更加迷戀，不過漸漸地提高警惕、改變策略，鞏固嫡系部隊，打擊雜牌軍，以維護獨裁統治。

蔣介石從德國引入法西斯手段，以中統治黨，軍統治軍，此乃以軍治黨路線的具體表現。孫中山援用蘇俄的辦法，創辦黃埔和軍隊，兩者均強調和實行黨代表制度、政治工作制度，堅持軍事訓練和政治教育並重。這種方法培養和建設的軍事人才和軍隊，自然具有戰鬥力，赫赫有名的黃埔將領和北伐鐵軍就是明證。蔣介石掌權後，或許是紛繁的黨爭讓他深惡痛絕，形成「輕黨重軍」的思想，實行以軍統政，以軍控黨的策略。因此，國民黨政權中，真正的實力派不是黨魁，不是封疆大吏，而是那些手握兵權的將領們。

蔣介石對軍隊的建設和治理非常重視，卻把核心關鍵的黨治交給私欲較重的陳氏兄弟。國民黨的黨務工作長期掌握在以二陳為首的ＣＣ系手中，形成「黨務派系化」的局面。黨治力有不逮，國民黨日益官僚化、腐敗化，蔣介石意識到問題的嚴重性，與抗戰前後分別成立

「力行社」和「三青團」，將黑社會的那一套辦法用於黨治。

中國尚無雇傭兵制度，黨治不力的軍隊猶如主機系統經常發生故障的機器，不但效能不濟，還常常誤打誤撞傷了自己。缺乏黨治的國民黨無法實施有效的制約和監督，而憲政尚未發生，政府便為所欲為，好像強大的國軍成為無源之水、無本之木，吃敗仗也是情理之中。

79. 革命尚未成功，同志不再努力

辛亥革命推翻了滿清統治，但反帝反封建的任務並沒有完成。一九二五年的中國，軍閥割據，列強環伺，國民積弱……，彌留之際的孫中山對半調子的革命工程很不滿意，留下「革命尚未成功……，凡我同志，……繼續努力……」的遺囑，遺囑記錄人汪精衛萃其精華，留下「革命尚未成功，同志仍須努力」的警句，激勵時代革命黨人繼往開來，奮發圖強。

孫中山走後，以蔣介石、廖仲愷為代表的國民黨積極分子不負厚望，展現出「繼續努力」的精神。國民革命軍東征北伐，一鼓作氣打到中原，大小軍閥基本臣服，國民黨也於一九二八年建立了革命政權。從一九一二年國民黨成立算起，才十六年時間，勝利來得太容易了。

說勝利，未免信口開河。西南、西北強人尚占山為王，歸順南京的地方勢力貌合神離，黨政管理沒有理順，更別提糟糕的民生經濟了。更重要的是，反方陣營，共產黨已在江西等地做大做強，隨時向國民黨叫囂；而日本軍國主義，已經在東北蠢蠢欲動。

在內憂外患的不利局面下，國民黨不但不再努力，而且躺在逍遙椅上指手劃腳，以驚人的速度完成官僚化和腐敗蛻變。

正如前文所述，有資本和權勢背景的國民黨從來就沒想到過自下而上的徹底革命，迅速與江南財閥結盟的國民黨右派更與意氣風發的資產階級政黨相去甚遠，這些都構成了國民黨官僚化和腐敗的先決條件。黨內的派系爭權，四大家族奪利，官員們高高在上、作威作福，對敵則貪生怕死、損公肥私……。四次圍剿失敗、汪精衛叛國、內戰敗北等，都可以在這裡找到答案。

國民黨離三民主義路線愈來愈遠，使中國的政治和經濟迅速官僚化。政治官僚化的結果是政府只代表少部分權貴的利益，在國家管理上實行壟斷獨裁，中下層人士和廣大老百姓毫無民主權利可言，反抗情緒日積月累，最終釀成總爆發。經濟官僚的直接表現是，貧窮的中國居然出現富可敵國的四大家族，而廣大農民和工人掙扎在死亡線上。連最基本的吃飯問題都不為民著想，這樣的政府在老百姓眼裡已沒有存在的價值。

同志不努力的另一個表現是，清除有能力或肯努力的人才，要說國民政府沒有人才，誰也不相信，武有保定生、黃埔生，文有洋博士、國學大師，文韜武略，人才濟濟，但這些人往往空懷一腔才學和報國之志，根本無法實現理想。因為，黨政軍的要職，均被極少數人把持，在他們眼裡私利第一，黨國次之，用人也唯「忠」而已。此處不留爺，自有留爺處。「任人唯親」的直接後果是，大批的仁人志士跑到了明朗的天空下，去為另外的革命繼續努力。

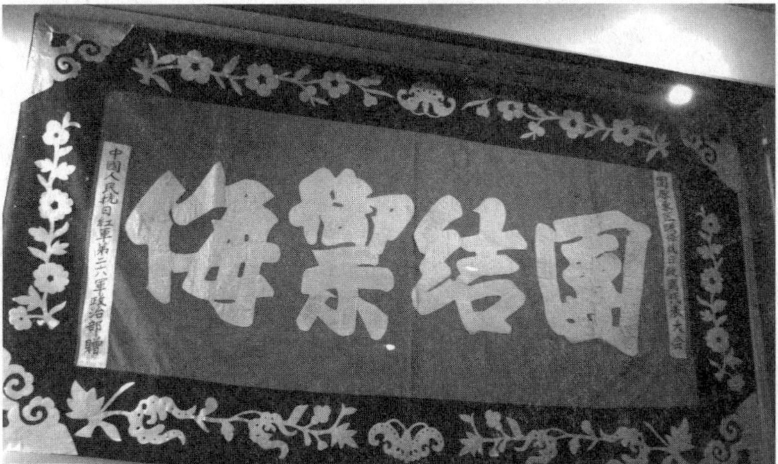

80. 沒有根基的牆上蘆葦

明朝的三位才子之一、第二位內閣首輔解縉留下一副對聯，上聯是：「牆上蘆葦，頭重腳輕根底淺」，以此比喻那個時期的國民黨再恰當不過。

我們先來看看「頭重」。

國民政府直接由清王朝的封建帝制脫胎而來，國民黨對權力分散和政治無序的混亂狀態有深刻的認識，醉心於建立強有力的獨裁政權。

蔣介石黨政軍權集於一身，其親信形成的核心層位高權重，下面是龐大的官僚網路，他們直接聽命於蔣介石及親信而不受制度約束。地方的權力被收繳到中央，社會團體更談不上運作，社會自我調劑和發展能力極為低下。

「頭重」的後果是，被領導者「身子」不主動思考問題，對整個人體的生死存亡、創新發展毫不在乎，但在消耗體能上絲毫不會謙讓，最終結果是身體被掏空，唯餘一顆搖搖欲墜的大頭。

「腳輕」這個腳是老百姓。與作家魯迅筆下的阿Q一樣，中國廣大老百姓雖然不了解革命，但內心是希望革命的，但在他們看來，熱熱鬧鬧的革命怎麼剛開始就結束了，為何沒有自己的份呢？當不當官倒無所謂，至少得有土穀祠棲身，有點殘羹冷飯充饑嘛！

國民黨的革命正是如此，高喊三民主義口號而不實行，將老百姓排斥在外，與封建階級和官僚買辦妥協，國家性質沒有根本改變；社會底層人士手中無權，動輒看官紳和土豪的臉色。

國民黨不解決土地問題，直接影響占全國人口絕大多數的農民生計問題，群眾基礎沒有，腳自然輕了。萬丈高樓平地起，任何執政黨的「根底」都應該在基層，而國民黨的根基一直浮在空中，沒有扎到地面去。

改組後的國民黨仿俄，逐漸建立起從中央黨部、省黨部、縣黨部到區黨部、區分部的各級組織，黨員人數猛增，但黨組織鬆弛散漫的老毛病並沒有改正。國民黨的班底是社會菁英階層的革命黨，他們條件好、學歷高，且見多識廣（很多都有留學背景），本身不屑關注下層，國民黨基層組織建設一直十分薄弱。

不少黨員不受基層組織管理，黨組織對黨員缺乏約束力，縣市黨部多不健全，許多區分部、區黨部根本不展開活動，有的甚至都不召開例會。基層黨組織經費困難，缺乏基本的訓練和嚴格的紀律，黨的方針得不到貫徹，大批社會閒雜人等混入黨內，危害黨的「健康」。

「牆上蘆葦」這堵牆，是在孫中山等先行者奠定的革命基礎上，蔣介石等後繼者打下的不算完整江山和建立起來的派系紛爭的國家政權。

這樣的牆連泥土都少，更談不上肥料，滋生其上的國民黨蘆葦的長勢就很容易預測了。

81. 黨員代表了什麼

國民黨歷來以全民利益的代表者自居，不考慮黨員的出身和階級，對新黨員又沒有預備考察期，但凡人類，只要有一腔信誓旦旦的熱情皆可入黨。這樣做的唯一好處是黨員人數以幾何級數增長，壞處也是顯而易見的：黨員的品質沒辦法掌握，真正革命的優秀黨員被濫竽充數甚至渾水摸魚的劣質黨員稀釋、融化，以數量取勝的政黨最終如發酵太過的麵糰，既不好看又不中用。

在一九四九年退出大陸歷史舞臺前夕，國民黨的黨員主要來自幾個方面。首先是以蔣介石為首的國民黨中堅分子，他們的上層代表封建階級和官僚買辦，中下層也因多年以權謀利而迅速成為資本的擁有者。他們把持黨、政、軍要職，雖然腐敗墮落者不少，但大多能接受三民主義，接受蔣介石的領導。但這些黨員畢竟太少，到後期要想拯救國民黨及其統治之下的政府也是有心無力，大難來臨只有各自飛。

其次是服務於黨、政、軍等各機構的公職人員，入黨前後可能代表工、農、知識分子，有一定革命理想，但納入國民黨政體質後，有了優厚的俸祿，漸漸成為「小資」或擁有一定資本，逐漸脫離以前的階級或階層。他們往往抱著中間立場，只要有用武之地，有人給飯吃，跟哪個黨都無所謂。

再次是被迫入黨的人員。國民黨雖然「任人唯親」，但黨票無疑在求職、升遷等方面占有一定比重，這類黨員不管出身如何，但因入黨動機不單純，很難真心為了革命。他們有奶便是娘，一有風吹草動便立場不穩。

第四種是充滿革命激情的熱血青年，他們以在校學生為主。在國共合作時期、三青團活躍期等革命形勢好像熱潮的階段，這些思想單純的青年，抱著救國救民的信念入黨。但無情的現實將可憐的激情一點點消退，最終與那些公職人員一樣混日子，或抱著剩下的激情投奔反對黨。

最後一種，就是混進國民黨內的各色人等，這類人在黨內人數不少，但品質最差。由於不實實在在踐行民權主義和民生主義，對於看重眼前利益的絕大多數民眾，國民黨確實沒有多大吸引力，與其加入這個鬆散的組織，不如埋頭苦幹謀生計。但「土豪劣紳、地痞訟棍和不良分子」不這樣想，對他們來說，入不入黨本無所謂，但黨票附體、徽章綴胸，可以讓自己多一層光環，以嚇唬鄉鄰百姓，讓自己的不法行為合法化。

透過對國民黨黨員背景的分析，可以看出國民黨看似代表全民利益，實則代表了極少數人，獨缺占絕大多數的工農。共產黨深諳人多力量大的道理，反其道而行之，讓黨員真正代表工農，確實為底層的多數謀利益。

第一個獲得中國國籍的外籍人士馬海德與毛澤東

82.

共產黨釜底抽薪

一九二一年共產黨的成立大會在湖泊上的一艘遊船上召開，黨員人數只有數十名，一無錢二無勢，尚不敢公開活動，其影響力可想而知。

彼時國民黨的革命雖然處於下風，但無論從人數、勢力哪個方面，都是共產黨無法比擬的。爾後，國民黨成為執政黨，多數時候視共產黨為匪，並多次用武力或政治的方式加以打擊和限制，共產黨卻成為最後的贏家。原因之一在於，共產黨用了較為厲害的一招：釜底抽薪。

剛開始，共產黨還沒有力量「抽薪」，它能做的只是借雞生蛋。一九二〇年，孫中山領導的國民黨正處於困難時期，急於得到外援，蘇俄順水推舟，在推行自己主義的同時，也把共產黨介紹過來。

一九二三年，共產黨第三次全國代表大會上確立了國共合作的方針，所謂的合作不過是共產黨單方面的想法，國民黨根本看不上這個只有區區四百餘名黨員的小黨，只答應「聯俄容共」。

共產黨則不在乎「容」或「聯」，將李大釗、毛澤東、瞿秋白等一批中堅分子派進來，並成為中央執行委員或中央候補執行委員，並很快掌握了國民黨中央宣傳部代理部長、組織部長、農民部部長、黃埔軍校政治部主任等要職。共產黨的黨員數量迅速地增長到一九二七年的近六萬人，並領導工農，展開武裝暴動，擴大影響、積蓄實力。

國共很快分手，共產黨立即舉行南昌起義、秋收起義、廣州起義，大批在國民黨內的政治人才和以黃埔軍校師生為代表的優秀軍事人才另立山頭。其實，這種公然對決還算不了什麼，大不了讓國民黨多耗費點武力。

真正實現國民黨第一次釜底抽薪的是，共產黨的訣離，讓國民黨失去了賴以生存和發展的根基——工農群眾和基層組織。

有了群眾的支持，共產黨避免了在五次圍剿和長途敗退中被斬草除根，嘗到「抽薪」甜頭後，更放手發動群眾，將國民黨爐灶內的柴火一點點抽走。

抗戰期間，國共第二次交手。此時共產黨群眾工作已經有了相當的經驗，不再是井岡山時期「打土豪、分田地」和搞工農暴動那種簡單的辦法，而從理論到實踐都有了一套完整的體系。

首先，高舉民族主義的大旗，在黨內統一思想，廣泛動員老百姓，同時對國民黨單純依靠政府和軍隊的片面抗戰路線提出批評。

其次，也是最關鍵的一點，當國民黨忙於徵兵徵糧時，共產黨採取修養生息、減租減息、鼓勵生產等措施，大力發展經濟，解決民生問題。在民權方面，給人民充分的民主自由，保障民主權利。

共產黨將軍隊交給國民黨負責後方抗日，實則悄悄發展壯大。八年抗戰，共產黨的根據地迅速擴張，「國民革命軍第八路軍」則由最初的三個師四・五萬人發展為一百萬人，這哪是一個軍，分明就是一國之軍。

一九四五年，共產黨再次抽薪，這一抽便抽走了百萬虎狼之師，抽走了九十五萬平方公里、九千九百五十萬人口的十八個解放區。對國民黨來說，這一抽註定是致命的。

83. 三青團，從復興到沒落

一九三七年盧溝橋事變後，為了民族的存亡，國共再次合作。全民抗戰情緒高漲，國民黨受到社會各界的尊重，政權得以暫時鞏固。舉弱國之力與強大的日寇搏鬥，蔣介石的壓力還是很大的，然而現狀如何呢？國民黨的執政黨位子有人覬覦，黨內官僚腐敗、派系紛爭、日趨老朽沒落，廣大群眾尚未深入動員，如此這些問題一天不解決，抗日大計的勝算就沒有十足的把握。蔣介石找到一個辦法，在黨內成立一個真正為自己控制的組織。陳誠等人早有此意，很快弄出了一套方案並在黨內的大會上通過。一九三八年，這個叫三民主義青年團（簡稱：三青團）的組織出爐了，其公開的宗旨是：「集中全國優秀青年於同一組織，以求國民革命新力量的集中；為求抗戰建國的成功；求三民主義之實現。」但實際上，蔣介石是利用抗日的大背景，化多黨為一黨，整肅國民黨並打擊派系，以在全國實現「一個主義、一個政黨、一個領袖」。

三青團在武漢成立，蔣介石兼任團長，陳誠為第一任書記長，各省、縣、市及學校分別成立了分支機搆。三青團在蔣介石的支持下，積極展開活動，年年三月二十九日過青年節，三青團的隊伍迅速壯大，到一九四三年團員達到五十萬人的規模。負責三青團具體工作的陳誠等人也基本上按照蔣介石的意思在辦：打著抗日救國的旗號發動青年，舉辦有利於青年發展的活動，改善青年的福利；積極展開監視、限制共產黨的行動，特別到了抗戰後期，反共成為三青團主要的任務之一；展開「精神訓練」、「生活訓練」，維護蔣介石的統治。

由於蔣介石「黨內造黨」、將社團當成工具，三青團的破壞作用和對國民黨的侵蝕是不言而喻的。三青團不但沒有按照組織嚴密的設想去發展，反而急功近利地採取火速入團的方式擴大實力，導致組織渙散，團員背景複雜。三青團的班底是「復興社」和「CC系」的中堅分子，又網羅了不少軍警和黨政公職人員，採取特務手段控制和利用青年，大大背離了社會團體建設的宗旨和運作的方式。團內一些有志之士幻想改組政府、懲治腐敗，被蔣介石否決，也讓青年對這個社團的實際意義產生懷疑。三青團不但沒有達到整肅國民黨、消除派系的目的，反而引發了「黨方」、「團方」、CC系、復興社、太子系等新的爭鬥。如此種種，導致三青團一度聲名狼藉，蔣介石終於對其失去興趣，在其存在九年後，於一九四七年與國民黨合併，將三青團員一律登記為中國國民黨黨員，三青團落下了歷史的帷幕。

1949年7月27日，解放軍第十九兵團進軍到寧夏固原東部的任山河地區

第九章

用人：任人唯親的結果是親者痛仇者快

84. 唯親是舉乃獨裁的結果

蔣介石喜愛人才，也善於招攬人才，張靜江、陳佈雷、楊永泰、戴季陶、白崇禧、顧祝同、薛嶽、劉峙、宋子文、孔祥熙、陳氏兄弟、戴笠……，國民黨內可謂謀士如林，將士如雲。有好人才還要會用，不然人才就會成為庸才，或者人才爭鬥，發生內耗。蔣介石用人在於唯親是舉，根源在維護獨裁統治的需要。

在蔣介石的文臣裡，張靜江早年參加革命，意志和立場不需說了，其對革命的貢獻和才幹無人可出其右，且直接幫蔣介石奠定了政權基業，但因觀點與老蔣相左，漸漸坐了冷板凳，最終心灰意冷。陳佈雷被譽為國民黨的「文膽」，更被蔣介石尊為「導師」，因做事檢點，從不越權而備受寵愛，正因為如此，他也只能是蔣介石的一枝筆而已。楊永泰算得上國民黨內的奇才，輔佐蔣介石制定謀略，屢建奇功，卻因功高蓋主，被中統秘密解決。這些曠世奇才，當然抵不上與蔣介石是親戚、朋友和老鄉關係的人，他們只能做做幕後工作或擔任無關痛癢的職務，關係獨裁命脈的人事權、財政權統統掌握在最信得過的人的手裡，而這些親信，且不說能力，單單拉幫結派、損公肥私就讓蔣介石頭痛不已。

文臣影響獨裁，派人解決了就是，武將勢力大了就難以收拾，蔣介石在軍事將領的選擇上謹小慎微，在才能和忠孝上寧願選擇後者，於是，像陳誠、胡宗南這樣的庸才平步青雲，而白崇禧、衛立煌這樣真正的將才卻處處加以防範和限制。在戰爭進行到最關鍵時刻，如東北戰場，杜聿明本來做得不錯，蔣介石卻擔心出問題，派了一個最親近的陳誠，弄得局面不可收拾了，再派衛立煌去撿爛攤子，衛立煌也不被信任，手下的廖耀湘才是老蔣的真正嫡系，軍隊無法統一指揮，怎能打勝仗？徐蚌會戰，蔣介石居然讓毫無章法的劉峙擔任總指揮，讓衛立煌屈居其下，搞得戰局一團糟。戴笠對蔣介石打不還手罵不還口，夠忠心耿耿的了吧！蔣介石還是不放心，派了親信唐縱前去監督，而最終免不了「狡兔死，走狗烹」的下場。毛澤東就不一樣了，雖然人才不多，卻放手使用。他敢組建臨時中央東渡黃河，自己卻躲在延安，還敢賦予將領們軍政大權，讓他們獨立發展根據地。這些人不是老毛的親戚，卻久經考驗，將共黨事業當成自己的事業，另外，嚴密牢靠的共黨組織，將軍隊牢牢地控制。

國民黨用人，人人寒心、怨聲載道，計畫無法落實，政令軍令得不到貫徹，要想取得成績幾乎不可能，難怪蔣介石都承認，國民黨是被自己打敗的。

85. 投鼠忌器的裙帶關係

對蔣介石來說，裙帶關係是把雙刃劍，既幫助發家，又終遭其敗毀。

宋美齡大家閨秀，氣度不凡，是女人中的佼佼者，但蔣介石看重的不只這些。首先，宋美齡是宋慶齡的妹妹，與宋美齡結婚，便成了孫中山的連襟，由追隨者轉而升級為親戚，可以更深入革命，進而成為孫中山最好的接班人。其次，宋美齡的父親是上海的大富豪，長子宋子文歷任廣東省政府財政廳長、武漢國民政府財政部長，大女婿孔祥熙是山西大戶，宋家身世顯赫，無人能比。有了宋家這個靠山，就等於結交了江浙財團，有了強大的經濟後盾；還可以藉助宋氏家族與英、美拉上關係，取得國外的支持。

為了獲得這個寶貴的裙帶關係，蔣介石煞費苦心，連宗教信仰都改變了。關係一建立，蔣介石的處境立刻改觀（自身才幹是先決條件），先是得到孫中山的垂青成為黃埔軍校校長和國民革命軍第一軍軍長，後在宋氏家族的資助和宋子文的支持下，逐漸掌握大權，再後來宋子文、宋美齡為蔣介石的外交立下奇功。這層關係讓蔣介石的苦惱也隨之而來，宋慶齡處處作梗不說，擺平舅子與老婆的矛盾很麻煩，而如何處理不聽話的宋子文更麻煩，最麻煩的是宋孔兩家搞壟斷，掏空了國庫，搞亂了經濟，嚴重影響了蔣介石政權。

此外，國民黨政府內的裙帶關係比比皆是，倒不是學習蔣介石好榜樣，實在是中國的封建傳統太深，這些親戚關係無論如何邁不過去。比如，西北馬家軍、四川劉家軍、張家的東北軍隊，楊森三代為官，都是子承父業的典型世襲制，要在這些範圍內實施近現代管理，不但蔣介石無可奈何，有時連他們自己都頭疼。陳氏兄弟是蔣介石拜把子兄弟陳其美的侄子，蔣孝先是蔣介石的侄子，龍雲和盧漢是表兄弟，譚延闓是陳誠的岳父等，其他諸如兄弟、叔侄、甥舅、翁婿、妻舅、乾兒子、乾女婿更不可勝數，以這些正宗的裙帶關係而衍生出更遠的裙帶關係，結成一張張龐大的關係網。這些關係網是國民黨施政管理的絆腳石。例如孫中山的兒子孫科，如果不憑藉父親的影響和與蔣介石的裙帶關係，是無法在國民黨上層混的，但他二十六歲就當上廣州市市長，四十歲當上南京政府行政院長，後曾任政府副主席。孫科能力不及父親，但讀書頗多，崇尚民主，堅持三民主義，曾多次指責、抨擊蔣介石搞獨裁，但蔣介石拿他無可奈何。如此種種，不一而足。複雜的裙帶關係網牽一髮而動全身，蔣介石每每處理一件事往往打斷骨頭連著筋，最終坐視國民黨政府一天天敗亡而無可奈何。

86. 老鄉也是信不得的

中國是農業社會，每個人都和泥土扯得上一點關係，鄉土情誼是人們重要的情感之一，常常成為維繫人際關係的重要手段。在蔣介石看來，革命和其他事業差不多，鄉里鄉親互相幫襯，做起事來順手得多。

蔣介石先用老鄉鞏固勢力。在日本留學時，就利用老鄉關係掛上革命元老陳其美，陳其美對這個小老鄉關愛有加，不但稱兄道弟，還出錢出力，能幫多少就幫多少，還讓兩位侄子前仆後繼，蔣介石也是感恩之人，對陳氏兄弟關照有加。在軍事人才的選拔上，蔣介石更看重老鄉，從黃埔起就對老鄉格外留意，胡宗南、陳誠、湯恩伯先後進入他的法眼，迅速成為高級軍官，掌握裝備最精良的嫡系部隊。特務系統更不消說，整個全是由戴笠和毛人鳳帶領的浙江幫。浙江經濟發達，風氣開放，人才輩出，陳氏兄弟精明能幹，幫蔣介石整黨建黨，領導中統反共，功勳卓著。陳氏兄弟經營黨務多年，自發形成了一個後人稱之為「CC

系」的政治派別，後來，在蔣介石的授意下，組建「青白團」和「忠實黨員同盟會」，形成「派系黨化」和「黨的派系化」共存的局面。通俗一點說，CC系獨立於黨之外，但又有一套和黨相似的體制和運作方式，隨著「青白團」和「忠實黨員同盟會」的成立而「轉正」成為黨內之黨。總之，陳氏兄弟及其派系對國民黨的建設和發展可以說功過參半，過在於讓派系和黨混淆不清，加速了國民黨的混亂和腐敗。蔣介石在軍隊的老鄉更信不得，言必稱「校長」的胡宗南、陳誠和湯恩伯，前者坐擁西北直接面對延安，中者派駐東北扭轉戰局，後者作為抵擋共軍的最後一枚棋子，結果是三位信誓旦旦的老鄉都辜負了總裁的栽培，成為改變戰爭局勢的薄弱環節。至於戴笠，他和蔣介石可以說心心相印、配合默契，兩人的矛盾始於一九四二年的「四一」大會。「四一」是軍統的周年慶祝活動，在每年的四月一日舉行，蔣介石對這個活動很重視。一九四二年的這次活動規模最大，也最隆重，期間還有千人大會餐，會後還安排參觀戴笠的公館。會開得成功，卻讓蔣介石不放心了。蔣介石將侍從室的唐縱調去軍統，戴笠趕緊表示忠心並極力尋找靠山。可是來不及了，老鄉終歸是信不得的，蔣介石這樣認為，戴笠也意識到這個問題，借抗戰勝利後的肅奸行動，掌控了汪偽南京政府，進一步壯大了實力，且戴笠與美國聯繫緊密，讓蔣介石很棘手。

沒過多久，一個針對戴笠的五人小組成立，戴笠這個聽話的老鄉走上滅亡之路。

87. 有時候官是調和出來的

從黨到政府，再到軍隊，國民黨政權內部派系紛爭，如果各級官員的選舉還有點民主的味道，那多半是派系鬥爭的回光。有時候，蔣介石自身官位尚難以保全，對人事任命也只能採取主婦炒菜那套辦法——調和。

這套辦法並非蔣介石首創，孫中山早年就用過，比如鬥不過袁世凱，就主動出讓大總統職務，調和一下；需要蘇俄的幫助，把共黨容進來，給點執行委員的名額，調和一下。蔣介石深得先生真傳，將一個內部紛爭的黨和四分五裂的國硬是調和在一塊兒，湊合著過了二十年。到了一九四八年，蔣介石面對了一次高難度的調和。

行憲國民大會結束，國民黨政府結束「訓政」，蔣介石、李宗仁當選為政府總統，進入「憲政」時期。

既然實行憲政，哪個當官蔣介石一個人說話就不算數了，得拉出來選一選。

行政院最有實權，如果不修改憲法，蔣介石都有當這個院長的打算，因此，競爭最激烈的當數行政院院長。候選人公布出來：張群、何應欽、宋子文、王世傑、王寵惠、吳鐵城、胡適和翁文灝，張群、何應欽的排名較前。

行政院前任院長張群是蔣介石的老部下，信任程度較高；國民黨政府的堅實外援美國也看中張群，希望他推進以財政經濟為核心的改革。張群主政行政院，很容易得到美國的巨額援助，使國民黨走出危機。

但是，以陳立夫為首的ＣＣ系雖遭總裁訓斥勉強同意，私下裡仍在活動：支持張群當行政院長可以，但必須協助自己當立法院副院長，且安排五個ＣＣ的人進行政院，前者張群可以答應，讓ＣＣ系操控行政院是斷然不能的。ＣＣ系與政學系最終撕破臉皮，連蔣介石的面子也不給。

張群得不到支持，黯然謝幕，何應欽被推到了前臺。在黨內，何應欽自成一派，又與桂系過從甚密，還與總統爭奪人事權，在對與共黨的內戰態度上也不明朗，這都是蔣介石所不滿意的；況且，何應欽以軍人身分出任行政院院長，按照國際慣例說不過去。ＣＣ系之所以將何應欽推出來，還是打老算盤——安插自己人到行政院，何應欽當然不會做這個傀儡，立刻予以婉拒。

人家說得合情合理，蔣介石只得「諒解」，而其餘人等都不是蔣介石眼中行政院院長的合適人選。因為，不是資歷不夠，就是不能勝任，蔣介石頗感棘手，更棘手的是美國大哥發話了，要求解散CC派，提出「親美、廉潔、能幹」三個任職標準，基本鎖定翁文灝。

翁先生為人低調，不介入派系，又是老美點的將，蔣介石無論如何都調和得下。接下來的事情就好辦了，陳立夫被順水推舟辭去國民黨中組部部長和中央政治委員會秘書長職務，再來一次突然襲擊式的選舉，翁文灝便實至名歸，成了行政院院長。

88.

校長信任的兵才是好兵

蔣介石多疑，固然是自身性格原因，也是國民黨組織鬆散、勾心鬥角所致。要想在國民黨的體制內得到重用，獲得信任無疑是不二法門。蔣介石看重血緣關係、裙帶關係、老鄉關係、師生關係，說到底就是一個信任問題。

用陳氏兄弟，因為陳其美的原因，二陳也確實忠心耿耿，在中組部部長任內任勞任怨，清除異黨、打擊派別，把一盤散沙的國民黨做得有模有樣。但二陳也拉幫結派，弄起一股勢力並慢慢壯大。蔣介石意識到問題的嚴重性，採取成立軍統對抗、限制權力等辦法，最終將二陳打壓下去、二陳落得晚景淒涼，而蔣介石和國民黨也因此元氣大傷。戴笠是蔣介石的同鄉，恨不能肝腦塗地為校長盡忠，下場比二陳還慘，命喪黃泉還不見屍首。中軍二統，經歷了從弱到輝煌到衰敗的弧線，其盛衰皆由老闆決定，而老闆的命運取決於總裁的信任與否。

蔣介石一直牢牢掌控軍隊，對軍官的選用更是親信優先，絕大多數軍官都需具備以下條件：黃埔軍校畢業，浙江人，讀過保定陸軍軍官學校，在國民革命軍第一軍中服過役。說到蔣介石在軍中的嫡系，不得不提到陳誠、胡宗南和湯恩伯三員大將，論軍事指揮，陳誠好一點外，其餘二人能力平平，之所以能迅速脫穎而出，手握重兵，恰恰因為蔣介石的信任。一則他們都是蔣介石的老鄉，二則表面文章確實做得不錯。

陳誠，畢業於保定陸軍軍官學校，在黃埔軍校擔任帶兵官，因夜讀《三民主義》被蔣介石看見，提升為少校炮兵隊長，從此平步青雲。胡宗南原本是一位教書先生，好不容易考入黃埔後，想方設法接近蔣介石，不管天晴下雨，都比蔣介石更早到操場上訓練，立刻獲得重用。湯恩伯為獲得蔣介石垂青，下苦功寫軍事論文，更一個勁兒地表白赤膽忠心，最終成為蔣介石的心腹。信任優先的用人原則，即便放到現代管理理論中也無可厚非。對於國民黨政府，也曾有所收穫，比如蔣介石信任的那些嫡系「兵」和「將」，起碼在抗日戰爭和國共內戰時沒有讓蔣介石丟臉，而二陳、戴笠之類，也確實忠心耿耿做了許多大事。但是，這種用人原則的前提是對蔣介石本人的效忠，不管能不能幹，領導「說你行就行」，與蔣介石家天下的統治方式結合起來，就或多或少等同於帝王的用人術。直接結果是「親小人，遠賢臣」，真正的人才得不到重用，不是心灰意冷，就是另謀生路，心懷不滿者更會反叛；而那些庸才、奴才只需博得主子歡心即可，不學無術，不思進取，對黨國事業百害而無一益。

89. 宋子文，愛不得也離不得的小舅子

宋子文算是比較爭氣的富二代，講家庭背景：父親是海歸、上海富商，支持革命；二姐夫是國父孫中山。

論學歷，上海聖約翰大學和美國哈佛大學經濟系畢業，獲美國哥倫比亞大學博士學位。論資歷，一九一七年，任職漢冶萍公司駐上海總辦事處；一九二三年，任孫中山大元帥府英文秘書兼兩廣鹽務稽核所經理；一九二四年，任中央銀行行長；後任廣東省政府商務廳長、國民政府財政部長兼廣東省財政廳長，國民黨中央執行委員、商務部長，武漢國民政府委員、常委等。

除帶兵打仗外，宋子文都在行，何況宋子文還為蔣介石上臺爭取到美國和江浙財團的支持；蔣介石也沒有虧待過小舅子，讓他擔任南京國民政府財政部長、中央銀行總裁，掌管錢口袋，後來還擔任行政院副院長、院長兼外交部長，登上聯合國發言臺，風光無限。

親不親，自家人。蔣介石和宋子文理應配合默契，而宋子文卻要按照自己的那套科學方法理政，動不動就辭職，蔣介石對小舅子頭疼不已。

財政管理需要一套科學的辦法，如果不尊重科學危害的是整個國家，作為百廢待興的窮國，第一要務是開源節流，縮減軍隊，但蔣介石首先就不同意，宋子文認為這個財政部長不好當，辭職不幹，蔣介石沒辦法只得勉力挽留。

在「抗日」與「剿共」上，兩人也產生分歧，宋子文不同意將錢拿去「剿共」，與蔣介石吵得不可開交。

蔣介石離不開這位財神爺，不得不妥協，讓已經辭職的宋子文復職。蔣介石最終沒有信守承諾，乘宋子文出國之際，干預財政，第四次剿共取得勝利，但宋子文又不幹了。此時，內亂已平，蘇聯也有意牽制日本，蔣介石就沒再給宋子文面子。

事情並未遵循蔣介石的計畫，共黨在西北悄悄發展，日本步步進逼，國民黨政府退守大西南，而蘇聯遲遲不見動靜。蔣介石連忙將目光轉向歐美，重新啟用宋子文。

吵架歸吵架，宋子文對國家和老蔣還是有感情的，既然肩負重任出使美國就不辱使命，發揮了財政以外的外交才能。

不到半年的時間，說服美國爭取了億計的美元和英鎊貸款，不但解決了國民黨政府的財政危機，還搭上美國這個關係，為中國民族的抗戰立下奇功。蔣介石與宋子文和好如初，卻在史迪威將軍的更換上引發矛盾，兩人再次鬧僵。宋子文被蔣介石軟禁在重慶，不得不低頭認錯，方才重出政壇。

蔣宋兩人一直矛盾不斷，直到去世。究其原因，是兩人對國家的財政管理上發生了分歧，宋子文堅持經濟基礎決定上層建築，需要用制度規範財政管理，而蔣介石搞獨裁，財政當然也不例外，由此引發的政治策略也出現分野。如果兩人能坐下來好好談談，在這個問題上達成一致，國民黨在大陸或許是另外一番景象。

90. 孔祥熙，亦官亦商的金融寡頭

與經常和蔣介石對著衝的宋子文相比，蔣介石的連襟孔祥熙顯得太過順從。孔祥熙是孔子的後裔，亦學亦商的家庭背景，讓他既有強大的經濟基礎又有深厚的儒學功底，雖然在美國耶魯大學獲得學位，骨子裡卻溫順得多。

孔祥熙早就經營煤油生意，獲利頗豐，協助孫中山革命，並與宋靄齡結婚。廣東革命政府成立後任財政廳廳長，後在國民政府裡擔任實業部部長、財政部長、行政院長、中央銀行總裁和中國銀行總裁等職。在從政和結交蔣介石問題上，宋子文是順勢而為，孔祥熙是孜孜以求，因為他畢竟只是一個商人。作為商人的孔祥熙深知樹大好乘涼的道理，從一開始就看好蔣介石，並為之做了卓有成效的工作，除四方奔走為其壯大勢力外，還直接撮合了蔣介石與宋美齡的婚姻，將孔、宋、蔣三家人捆綁在一起。

孔祥熙不是政治家，卻能將經商能力運用到政治上，極盡攏絡、斡旋之能事，極力幫助蔣介石穩住陣腳、獲取政權，蔣介石也知人善任，讓孔祥熙當上比較擅長的工商、農礦部門的長官——實業部部長。孔祥熙由商而官後，承襲了老祖宗「齊家治國平天下」的思想，致力於發展國家事業、改善民生福利，無論建章立制、學習外國經驗，還是發展工商礦務，做了不少事，只無奈國運不濟，業績並不突出。

宋子文辭職的間隙，正值抗日。孔祥熙主管財政，想方設法為蔣介石籌措軍政費用，在減稅的同時，改組銀行，發行法幣，加強對金融的控制和壟斷。這樣一來，中央透過財政提升了對地方的控制力，國家財政因獲得銀行的支持而自信十足。但金融壟斷的後果立刻顯現，金融寡頭們仰仗壟斷，從國家和人民那裡獲取高額利潤，更重要的是，政府決策不得不遵從寡頭們的意願。孔祥熙的財政金融政策無異於飲鴆止渴，雖然幫助政府度過了暫時難關，也迫使歐美國家不得不援助中國，卻直接導致了瘋狂的通貨膨脹，讓政府財政無法收拾。孔祥熙協助蔣介石捅爛了政府的金融水壩，卻獲得富可敵國的財富。孔祥熙撐開大傘，老婆孩子忙著撈錢，在商業資本領域大顯身手。裕華銀行、七星公司、祥記公司、廣茂興、晉豐泰都是孔家的產業，它們大肆從事金融投機、倒買倒賣和吃回扣，賺取暴利，成為眾矢之的。孔祥熙被派系排擠下臺，蔣介石依然讓他在美國牽線，可能在敗退臺灣後還沒醒悟，正是這位善於精打細算的連襟，幫助自己度過難關，也直接戳傷了國民黨政府這艘破船。

91.
陳立夫，敗在專業不對口

誰也不曾想到，昔日權傾一時、風光無限的陳果夫晚景居然是舉債度日，潦倒而死。與哥哥相比，陳立夫好歹有些謀生的技能，不當官了也能做點小生意糊口。

在中國家庭裡，老大要承擔更多的艱辛，陳果夫也不例外，中學畢業即跟隨叔父闖江湖。弟弟陳立夫就好得多，既在國內讀了大學，還去美國匹茲堡大學拿了碩士學位，更以一〇一歲高壽善終。縱觀陳氏兄弟一生，因叔父陳其美發跡，也因其改變了人生發展方向，尤其是陳立夫，如果不介入政治，肯定是中國歷史上難得的礦業專家、教育家和醫學家。

一九一七年，十七歲的陳立夫在上海以第五名的成績考入北洋大學（今天津大學），畢業後留美，學習成績優異，工礦專業底子紮實。學成回國後，中興煤礦公司採礦工程師的聘書便來了，但蔣介石的電報改變了他的命運，陳立夫從此踏入政壇。陳立夫本來就有做一行愛一行的敬業精神，又承蒙蔣介石的抬愛，和哥哥一起踏踏實實為黨國出力。陳立夫先後擔任蔣介石的秘書、國民黨中組部調查科主任、中央黨部秘書長等職，為國民黨黨建做了不少事。與陳果夫死心塌地做黨魁不同，陳立夫更熱心於教育，而教育部長也是他最感滿意的職業。從一九三八年到一九四四年，剛好跨越抗日戰爭時期，陳立夫這個教育部長委實當得不輕鬆。抗戰爆發後，高校內遷，教學不思，陳立夫親擬《戰時各級教育實施方針綱要》，肯定師生的抗日熱情，同時要求學校教書育人，學生讀書成才，對穩定和發展戰時教育具有很大的作用。陳立夫雖受過西方教育，卻主張以「中國學說」為本，一改教育界崇洋媚外的流弊。他還改革和完善了招生、考試、訓育等大學教育制度，特別是貸金制度的實施，確實幫助了學費有困難的學生。他還大力推行國民教育運動，為中國教育的持續發展打下了基礎。

陳立夫著述頗豐，在大陸寫作《唯生論》、《生之原理》，與「唯物論」一決高下；到臺灣後潛心於研究中國文化，在傳統文化研究和中醫理論方面有頗高成就。

陳立夫工作兢兢業業，敬業執著，在所從事的領域做出傲人的成績。只可惜，一位曠世奇才生逢亂世，跟錯人站錯了邊，學工科的從事政治，難免認死理、鑽牛角尖，結果兩兄弟不斷壯大勢力，走上與蔣介石分庭抗禮的地步，陳果夫能力差了點；而陳立夫個人能力較強，但耽於專業，有時還有點書呆子氣，在爭鬥中落敗是顯而易見的。更可嘆的是，兄弟倆空領四大家族的名號，連養老金也沒積一點下來。

92. 戴季陶，可惜一肚子恢宏才識

戴季陶才氣逼人，在報界享有盛譽。作為同盟會會員，戴季陶很早就當了孫中山的秘書和幕僚，被孫中山譽為「天才」，由於孫中山的賞識，戴季陶放棄了馬克思主義，一度消極沉淪。孫中山病重，戴季陶前來照料，並見證了孫中山的遺囑，從此以國民黨元老和孫中山傳承人自居。

當然，這些放在後來都不重要，重要的是戴季陶本身有才學並加以發揮，還有蔣介石的器重。戴季陶確實有才，雖然並不贊同孫中山的三民主義，卻能根據孫中山的學說發揮創造，以《孫文主義之哲學基礎》和《國民革命與中國國民黨》兩書，形成「戴季陶主義」。他關於建立「純粹三民主義」的主張簡直點到蔣介石及右派的心坎上，蔣介石也利用這一輿論基礎，發動了「清黨」運動，並一步步控制了軍隊，掌握政權，而戴季陶本人也順利掌控國民黨宣傳部和黃埔軍校政治部。戴季陶國學底子深厚，協助蔣介石宣傳封建文化，以對抗馬克思主義和其他先進文化和思想。

有了才能還不是成功的全部，戴季陶跟對了人。早年入獄讓他深知「百萬錦繡文章，終不如一枝毛瑟（槍）。」更知道在中國沒有武力解決不了問題。因此，他利用與孫中山的良好關係，極力引薦蔣介石，並時時鞭策、鼓勵蔣介石，據說，蔣中正的名號都是戴季陶想出來的，對戴季陶，蔣介石當然會感激、信任和重用了。蔣介石先後任他為中執委常委，考試院院長、宣傳部長。戴季陶感恩涕零，誓死效忠蔣介石。

文章謀略之外，戴季陶還有過人之處，比如他對國民黨內的亡國論不屑一顧，相信遲早會打回南京。抗戰結束後，曾勸蔣介石不要急忙派兵到東北，並敏感地意識到國民黨遲早會敗亡。在保護傳統文化上，戴季陶也盡了綿薄之力，那就是極力反對「漢字簡化」，不惜到蔣介石辦公室大吵大鬧，逼得蔣介石最終收回成命。

究其原因，雖然死心塌地效忠蔣介石，可以做到背棄主義，為了主子寧願出賣朋友，不惜犧牲尊嚴跪地磕頭，以至被同僚指責為助桀為虐，但戴季陶骨子裡是一個有才的文人，對國民黨和蔣介石政權的敗亡痛心不已，最終，在士為知己者死的喃喃叨唸中，用藥物淒涼地結束了自己的生命。

93. 陳誠，僅有忠誠和敬業是不夠的

陳誠出身詩書之家（父親是秀才），卻醉心於行伍，透過自身努力，克服身材矮小的毛病，學了軍事。

曾警衛孫中山，在黃埔軍校裡因偶然的機會獲得蔣介石認可，旋即在炮兵營任連長，在東征陳炯明的戰鬥中作戰勇猛受到蔣介石賞識，「三炮起家」，升營長、團長、副師長……，軍旅生涯從此一路坦蕩。

一個「誠」字取得好，陳誠不但自己忠，還忠於蔣介石當成治軍的一大原則。當師長不願追隨已經發動政變的蔣介石時，陳誠趕緊向蔣表忠心，得到代師長職務。蔣介石讓他去非黃埔系的第十一師當副師長，他立刻屈尊就職。

陳誠更充當蔣介石的馬前卒，戰鬥在一線，在中原大戰、剿共、抗日、國共內戰中任勞任怨，戰功赫赫。僅看蔣介石對陳誠的態度，可見陳誠的忠誠非同一般：於私，他將自己的

乾女兒、譚延闓侄女介紹給陳誠結婚；於公，陳誠一直都擔任軍中要職，成為僅次於蔣介石的第二號人物。

陳誠兵敗，同僚攻擊，蔣介石極力為其開脫：第四次「圍剿」失敗，陳誠僅受降一級、記大過一次的處分；東北戰場失利，輿論一片譁然，蔣介石頂住壓力將他保下來，讓他去臺灣委以重任。

陳誠對蔣介石對國民黨忠誠不假，但他絕對不是奴才和庸才，可以稱得上響噹噹的將軍。那個代師長，是他一炮一炮地打下來的，而北伐戰爭，陳誠更身先士卒，馳騁疆場，在師長的位置上轉正，並迅速提升為中將警衛司令，兼炮兵指揮官。帶兵，他嚴以律己，以身作則；打仗，他「不貪財，不怕死」，有勇有謀。第四次圍剿失敗後，更臥薪嚐膽，從頭再來，取得第五次圍剿的勝利。

抗戰爆發，他擔任第三戰區前敵總指揮，增調淞滬會戰；擔任武漢衛戍總司令，積極調整武漢防務，組織了武漢會戰，後來取得湘北抗戰的第一次勝利；還在雲南徵詢軍隊，制定遠征軍作戰計畫，為抗日遠征軍打下基礎。

陳誠寫有軍事專書《陳誠將軍持久抗戰論》，為中國抗戰建立了理論基礎；在「剿共」期間提出「限田制度」，雖未能執行，但其主張無疑是進步的。

忠誠和敬業成就了陳誠輝煌的一生，也為人生的失敗埋下伏筆。因為忠誠和敬業，他得到蔣介石的信任和賞識，一度獲得「萬人之上一人之下」的政治地位，陳誠系在軍中很有影響力，陳誠本人也因此遭受同僚嫉妒。

陳誠所統領的軍隊一直是國民黨實力最強的軍隊，軍旅一生很少遭遇敗績，難免滋生驕傲情緒，因此，面對日軍強敵時，他的話是：「不是能不能打，而是打與不打」；面對暗中壯大的共軍，他的口號是「三個月解決戰鬥」。

陳誠最終敗退臺灣，好歹還是蔣介石陣營中舉足輕重的重要人物，但如能在忠誠與敬業之外再多一些思考，國民黨的敗局可能會有所延緩。

94. 顧祝同，強將難馭弱兵

顧祝同是江蘇人，但資格老，保定軍校六期生，且很早就跟隨在蔣介石身邊，蔣介石當黃埔軍校校長，力邀他出任教官兼管理部主任，隨後在教導團當營長，因北伐戰功不凡，加之與蔣介石交情甚篤，得以快速提升。顧祝同本來就是教官，帶兵寬厚，且很多手下成為軍中幹將，有「馭將之才」的美譽。

顧祝同治軍，寬厚得有點離譜，在他看來，能打仗的士兵就是好兵，什麼吃喝嫖賭、違章違紀都是小事；還允許下級軍官貪汙吃空缺，對傷兵極盡撫恤，對退伍兵則想辦法安排出路，還幫忙解決家屬子女問題，經常與有點級別的軍官一起吃吃喝喝，籠絡人心。他這一套治軍之術，為自己贏得了好的名聲，而部隊的戰鬥力確實不錯，官兵待遇優厚，又解決了後顧之憂，自然能夠衝鋒陷陣。在革命早期，這樣的軍隊用來對付北洋軍閥和地方勢力很有效果，搞點突襲和偷襲也還不錯，但對付軍紀和戰鬥力極強的日軍和共軍實在差強人意。

中原大戰，顧祝同堅守陣地，抵擋住馮玉祥部的進攻，並取得西北戰事勝利。他擔任「剿共」軍北路總司令，順利解決十九路軍的「福建事變」，攻克共軍根據地北大門，迫使共軍長征。西安事變後，將東北軍、西北軍瓦解。抗日戰爭時期，指揮製造「皖南事變」。國共內戰時期，他一度將劉伯承帶領的中原野戰軍趕到黃河北岸，依靠優勢兵力，取得動對山東的重點進攻的勝利。顧祝同是個將才，也能打勝仗，前提是必須有足夠的「強兵」。兵力一旦弱小，即便榮升為國防部總參謀長的顧大將，也無計可施。國共內戰後期，顧祝同能參謀的恰恰是一支好像強大的弱旅，面對東北戰局、徐蚌會戰，他即便頻頻祭出總裁「手諭」和「口諭」也無濟於事，最終遭遇敗績。

寬厚之外，顧祝同還工於心計。早在北伐時期，他與劉峙在何應欽的麾下，仗沒少打，卻因優柔寡斷、畏首畏尾，獲得「哼哈二將」的稱號。西安事變前後，顧祝同更「哼哈」得有水準。事變發生後，他一面答應老上司何應欽帶兵討逆，一面積極營救蔣介石，讓出擊西安的軍隊緩緩而行，事後，蔣介石理所當然對顧祝同另眼相看。將其提升為可「全權處理」的軍事委員會西安行營主任之職。與「哼哈二將」另一位劉峙相比，顧祝同聰明得多，不但能帶兵打仗，還能認清形勢，靈活善變，每每能討到好彩頭。顧祝同超強的個人能力和審時度勢的處事哲學讓人生一路順境，卻無法統御好一國之軍，更不能挽救國民黨的頹勢。

95. 劉峙，從常勝將軍到長腿將軍

劉峙比顧祝同會打仗，也敢打仗，特別在北伐戰爭中，衝鋒陷陣，所向披靡，一度占了幾乎在同一起跑線上的顧祝同上風。從東征到北伐，劉峙效忠蔣介石，憑藉不菲戰功節節高升；蔣桂戰爭中，他率軍痛擊桂軍，後擊潰唐生智軍；中原大戰中，他指揮軍隊改變了戰局；他平定石友三叛亂，摧毀共黨紅四方面軍根據地。劉峙成為人盡皆知的「常勝將軍」。

幼年時代的坎坷經歷，讓劉峙早早便懂得發奮有為，早期他與顧祝同比肩作戰，位居五虎上將之首，也曾官運亨通，官至戰區司令，然而，西安事變為劉峙的好運畫了一個大大的頓號！

事變發生後，「討逆軍總司令」何應欽分別任命劉峙和顧祝同為西、東路軍總司令，劉峙領命，讓已經部署妥當的部隊分兵六路，直逼西安。這一魚死網破的行動，明眼人都知道意味著什麼，關鍵時刻劉峙沒有顧祝同聰明，當西安事變和平解決後，劉峙的警戒表現出現漏洞，防空部隊差點擊中先期抵達的白崇禧座機，隨後落地的蔣介石驚魂未定，要不是張治中隨機應變，劉峙的命運堪憂了。好在軍中還有殷實的老本，而抗戰也確需將才，劉峙又被重新啟用，從重慶來到抗日前線，當了集團軍總司令，顯然比顧祝同的戰區總司令差了不少。也活該劉峙倒楣，遇到氣焰最為囂張、攻勢最猛的日軍，部隊很快潰不成軍，劉峙哪見過這等陣勢，把兵權託付給下屬，一路逃回石家莊，華北淪陷，「長腿將軍」的外號由此而來。官運不濟，財運和桃花運卻一點不差。劉峙被調任重慶任衛戍司令兼防空司令，利用機會大肆撈錢。多行不義必自斃，這話一點不假，劉峙不專心防空而專心撈錢，就在重慶大轟炸後還沒忘記從死屍上搜刮細軟錢財。東窗事發，劉峙上了軍事法庭，好歹因何應欽的面子和四處打點，才免於受罰。可能蔣介石覺得這個外戰外行內戰內行的將軍對付共黨有一套辦法，小日本趕跑，又讓劉峙風光起來，任命他為第五戰區司令。劉峙沒有辜負總裁重託，一舉擊退中原解放區的六萬共軍，卻沒有再接再厲，後來反而讓共軍吃掉一個師。劉峙再次被啟用，是靠國防部長何應欽的幫助，可是他不知道自己掌控的是黨國的命運！也許是財色消退了意志，也許是壓根沒指揮過大兵團作戰的經驗，大兵壓境，劉峙完全失去了昔日運籌帷幄的從容，直接導致徐蚌會戰的失敗。劉峙固然對戰局的失敗負責，但明知不可為而為之，讓根本無力勝任的劉峙擔當會戰總指揮，蔣介石等決策層難道沒有責任嗎？

96.

胡宗南，任對手酣睡臥榻的西北王

如果不是範漢傑搶先當了師長，胡宗南在黃埔生中的晉升之路更完美，最先當上軍長、兵團總指揮、集團軍總司令、戰區司令、將軍，可以說風光無限，無人能及。個人奮鬥固然重要，還因為在蔣介石用人的四大要素（保定軍官校畢業、黃埔生、浙江老鄉、國民革命軍第一軍出身）裡，胡宗南全都具備了，最終成為蔣介石最信任的將領，坐擁重兵，稱霸西北。

與顧祝同、劉峙、陳誠等人差不多，胡宗南一樣經歷了早期革命、黃埔歷練、東征北伐、平叛戡亂，胡宗南所部都所向披靡，即便面對強大的日軍和頑固的共軍，也還有過不少勝仗。因此，要說胡宗南只有一個師長甚至連長的軍事才能，確實有點言過其實。正如國民黨和蔣介石和一樣，胡宗南之敗，敗在自己——對不該信任的下屬太信任，這也應了那句老話：「不是自己不行，只因敵人太狡猾。」

事情要從熊向暉身上說起，這位在清華大學就秘密加入共黨的年輕人透過湖南青年戰地服務團的途徑來到胡宗南部「服務」。胡宗南也算慧眼識英才，一眼就看重了這位清華學生，送他到西安中央陸軍軍官學校學習刻意栽培。熊向暉確實不錯，還在畢業典禮上作為代表發言，順利成為胡宗南的侍從副官、機要秘書。

一九四三年，胡宗南奉蔣介石之命準備閃擊延安，熊向暉將情報透過西安轉告延安。胡宗南計畫落空，反被共黨揭露，氣憤不已地查內鬼，但最終沒有查出個名堂。就在熊向暉被安排去美國留學時，胡宗南卻讓其留下，參與制定攻打延安的計畫。這樣一來，胡宗南的作戰方案，國民黨的偵查手段，一一被熊向暉報告給延安。

胡宗南圍殲中原行動未成，即被共黨透過國際國內途徑化解；大軍攻擊延安，卻一次次撲空，最終攻占延安卻讓毛澤東及軍隊脫逃。即便如此，他還編造獲得重大勝利的戰報，讓蔣介石著實高興了一陣。

共軍利用源源不斷的情報與胡宗南部展開游擊戰，幾仗下來，胡宗南部損兵折將，還白白將大批戰略物資扔給共軍，直至最後陝甘寧邊區被共軍重新占領，胡宗南都不知道自己失敗的原由。西北王胡宗南潰不成軍，百萬雄獅只剩下四十萬人，但畢竟胡宗南是蔣介石最信任的學生，即便離開大西北，還是能掌控西南軍政。胡宗南也算效忠，四川和雲南部隊起義

96. 胡宗南，任對手酣睡臥榻的西北王

後，還掙扎著與共軍僵持。

胡宗南之敗主要原因是大勢所趨，而用人不察、情報洩密是落敗的直接原因。對這樣的人蔣介石到了臺灣還在保，多半是念及多年征戰的苦勞了。

1949年7月28日，一九一師設在任山河的指揮部電台陣地

97. 衛立煌，不被信任的虎將

國民黨將令不少，但真說有將才的，衛立煌算是名副其實。

首先，敬業忠厚。在擔任孫中山警衛期間忠於職守，重傷未癒即歸隊追隨孫中山，進而獲得與孫中山合影並親筆題簽留念的榮幸。

其次，機智勇敢。衛立煌可以在部隊打散時，趁野襲擊敵軍司令部；可以摸黑撤退，急行軍甩開敵人；可以固守陣地，唱空城計，嚇退敵軍；可以冒著炮火，親自攻城，迅速解決戰鬥，獲得南京國民政府頒發錦旗。「剿共」之戰屢遭敗績，但衛立煌逆境反擊，拿下共軍根據地的軍政中心，除獲得巨額獎金之外，還獲得以其名字命名「立煌縣」的殊榮。

再次，指揮有方。衛立煌的軍事指揮才能在抗日戰爭中充分展現：第一仗在平津。衛立煌部與板垣第五師團遭遇，採取靈活機動的戰術，重創敵軍，且成功跳出包圍圈，再次證明了「支那虎將」名不虛傳。第二仗在山西。衛立煌率領增援部隊，與閻錫山軍、共軍一起，在忻口與日軍展開激烈的戰鬥，讓日軍再次嘗到厲害，隨後採用持久戰，在韓信嶺構建陣地戰阻擊日寇。第三仗在河南。一九四一年，衛立煌正與蔣介石撒氣，見中條山失陷，趕緊回到河南，創造出被稱為「活動堡壘」的防禦工具，在中條山會戰重創日軍；並重新調整部署，收復鄭州。第四仗是揮師遠征，與美軍一起解決了中國西南和緬甸的日軍，為抗日戰爭的最後勝利奠定了堅實基礎。如此一員驍將，卻逃不掉屢屢被排擠、打壓、冷落的命運。究其原因，衛立煌與蔣介石不是老鄉，沒上過保定軍校和黃埔，在軍中沒有幫扶，加之性格原因，始終無法納入蔣介石的嫡系。衛立煌心知肚明卻無可奈何，嘔了一肚子的氣。北伐中，劉峙、顧祝同均被提升為軍長，功勳卓著的衛立煌卻坐了冷板凳。在抗日戰場拚死搏殺，衛立煌卻得到免職調任的待遇。遠征緬甸得勝班師，衛立煌不但沒有受到表彰，反而被明升暗降。內戰時期，國民黨節節敗退，蔣介石臨時抱佛腳，讓衛立煌先救徐蚌、後救東北，卻不給實權，衛立煌空有滿腹才學也無法施展。衛立煌早年追隨孫中山，如國民黨能善待，絕對是一名忠心耿耿的虎將。無奈蔣介石多疑，同僚進讒，衛立煌苦悶之餘必然心生雜念，又加上共黨抓住機會做工作，衛立煌與共黨關係著實太睦，率先與共黨達成統一戰線，送給八路軍慰問品共同抗戰，還去延安訪問，與共黨經常往來，益發對國民黨不滿意，蔣介石就更猜疑，如此惡性循環，虎將終不能為黨國所用。

98. 李宗仁，名不副實的大總統

作為桂系的核心人物，李宗仁自始至終與蔣介石貌合神離，成為加速國民黨在大陸敗亡的重要因素。與奉系張學良年輕氣盛、腦子少根筋不一樣，李宗仁和搭檔白崇禧利用各種手段，不屈不饒將桂系維持到最後關頭，且讓蔣介石時時提心吊膽。桂系軍隊得以保全，除依仗複雜地形，將士打仗自身吃苦耐勞之外，與李宗仁、白崇禧的籌畫謀略密不可分。

前面說過，國民黨的統一是形式上的統一，蔣介石拿桂系等軍閥一點辦法都沒有。說起來，李宗仁策動逼蔣下野有兩次。第一次是一九二七年，李宗仁聯合何應欽等人把蔣介石擠下臺，同時肩負起東征、西征和北伐的任務，北擊孫傳芳、西敗唐生智，功勞加身、實力壯大，重新上臺的蔣介石勢單力薄，不得不分他一杯羹。蔣介石坐大，蔣桂戰爭終於爆發，李宗仁被開除黨籍、免去職務。第一回合的較量，李宗仁好像輸了，但桂系老底子還在，另立山頭以護黨救國之名，聯合馮玉祥、閻錫山反蔣，失敗後又聯合粵系軍閥陳濟棠反蔣，打來打去也不是辦法，蔣介石還是採取調和，把李宗仁穩住在廣西。日本人打進來，李宗仁再次聯合陳濟棠反蔣，這次的口號是「抗日」，蔣介石只得答應要求。

反蔣也好，奪權也罷，李宗仁指揮第五戰區司抗日還是有成績的。台兒莊戰役一戰成名，打出了中國兒女的血性；隨後參加武漢會戰、隨棗會戰、豫南會戰，也沒讓中國人丟臉。有了這些業績，李宗仁在國內和國民黨內聲望日高，當選為中華民國副總統。當然有了蔣總統在，這個副總統也沒多少實權。李宗仁當然不甘心位居其二，終於機會到來了。國民黨統治岌岌可危的一九四九年，蔣介石在國內輿論和美國的壓力下被迫下野，李宗仁就任中華民國總統。李宗仁夢寐以求的願望達成了，原以為可以過一把總統癮，卻不小心落入了蔣介石的把戲。一方面，蔣介石將湯恩伯、張群、朱紹良、陳誠和蔣經國等鐵杆親信安排在尚能掌控的大陸西南、東南、沿海及臺灣，並將軍械、黃金和文物統統運往臺灣，留給李宗仁的只是一個空架子。另一方面，蔣介石隱退浙江老家，卻依然遙控國民黨政府一切事務，李宗仁能指揮的也就是老搭檔白崇禧及下屬的桂系子弟。李宗仁表面上風光，受到美國、共黨的尊重，談判一陣，卻沒有簽字權。白當了一陣總統的李宗仁，還不得不讓蔣介石牽著鼻子，努力挽救國民黨政府的危局，最終將殘存的桂系家底拿出來為蔣介石政權做最後掙扎。老本拚光不說，蔣介石那邊回不去，不得不流亡美國，最終投靠了共黨。

99. 白崇禧，機關算盡太聰明

桂系之中，李宗仁威望雖高，卻不及白崇禧的智慧和軍事才能，如果沒有白崇禧的配合，桂系早被蔣介石剿滅乾淨。白崇禧有膽有識，謀略過人，在早期的戰鬥中勝多敗少，帶兵抗日勝負皆有，被日軍稱之為「戰神」，與共軍作戰，在東北四平擊敗林彪，在中原給共軍吃了不少苦頭。

白崇禧是國民黨軍隊中少之又少的將才，不擅長政治卻免不了被政治誘惑，經常給李宗仁出點子，李宗仁國共兩邊都有官做，而白崇禧卻屢受打擊，蹊蹺而亡。

白崇禧聯合李宗仁逼迫蔣介石下野，雄赳赳就任淞滬衛戍司令，準備在上海籌錢解決財政危機，卻沒人搭理，得知孫傳芳部來襲，趕緊回南京坐鎮。白崇禧指揮打仗確實在行，又有桂系作為後盾，一鼓作氣將孫傳芳軍擊退。此時，唐生智叛亂，張發奎發動「廣州事變」，白崇禧分身乏術，只得贊同蔣介石復職。

蔣介石充分調動各方勢力，將白崇禧牢牢掌控，讓其帶兵西征北伐，白崇禧從廣西打到河北，徹頭徹尾地完成了北伐大業。

蔣介石早將白崇禧視為眼中釘，處處設防，並設計將其調往新疆架空，又邀請他去南京開會。白崇禧聰明過人，自然沒上當，卻差點被特務暗算，輾轉回到廣西後，被蔣介石撤職開除黨籍，與李宗仁舉起反蔣大旗。反蔣失敗，白崇禧歸順蔣介石麾下，牢牢掌控桂系。

白崇禧反蔣，卻對國民黨事業一點都不含糊。北伐不說了，「廣州事變」、「十九路軍叛亂」發生後，他二話不說，帶兵就開打，並且很快的取得勝利；對於「剿共」他更制定了詳細的戰略，使共軍屢屢受挫。當然他對蔣介石借力使力的如意算盤了然於胸，無論是平叛還是戡亂都見好就收，以不損害桂系實力為原則。

北上抗日是桂系的又一次反蔣旗號，蔣介石順勢而為委以重任。白崇禧一方面出於民族大義，一方面也受制於蔣，讓桂系將士猛擊日寇，結果在日軍現代化炮火攻擊下損兵折將。作為國民黨軍隊高層，白崇禧提出了「堅壁清野」、「發展游擊戰、配合正規戰」、「積小勝為大勝，以空間換取時間」等軍事謀略，為中國抗戰做出了很大貢獻。

因抗日和前期對共軍作戰有功，白崇禧及桂系名聲大振，直接促成李宗仁當選副總統，白崇禧也出任國防部第一任部長。部長雖然沒有決定權，但白崇禧還是比較敬業，平定臺灣

「二二八事變」，主持華中防務，功不可沒。

蔣介石卻始終沒將其納入核心，白崇禧得知蔣介石準備讓自己當戰爭失敗的替罪羔羊時，毅然從武漢發出「亥敬電」，要求蔣介石下野。白崇禧想將李宗仁扶上臺，利用手中的兵權與共黨議和，維持國民黨長江以南的半壁江山，不料人算不如天算，共軍很快打過長江，白崇禧的算盤落空。

100.

戴笠，神秘人神秘消失

戴笠與蔣介石相識於上海，因當股票行員時表現出的機敏盡心，受到蔣介石賞識。走投無路之下，經同學毛人鳳介紹，考入黃埔軍校，因在「清黨」中告發共黨同學表現不凡，加深了蔣介石對他的印象。

蔣介石下野後，戴笠追隨黃埔同學胡靖安，開始了情報生涯。

一九三〇年，戴笠建立國民黨第一個特務組織調查通訊小組和「十人團」，後在力行社中擔任特務組長，又在「復興社」擔任特務處處長，當特務處擴編為軍統後，戴笠出任副局長，實際上掌控了軍統。

軍統的是非功過已蓋棺論定，但由於戴笠性格孤僻，似乎長躲在暗處觀察，又掌控著生殺的特權，神秘面紗遲遲沒有被揭開。

軍統殺人不少，這筆帳肯定被記在戴笠頭上，他因此一度成為「殺人惡魔」的代名詞。

戴笠深知自己結怨甚多，也就把自己弄得愈來愈深不可測，這其實是一種防範本能。

他在國內，甚至國外很多地方都有無數的住宅和藏身之地，他離群索居，除了貼身警衛和僕人，沒人知道他的行蹤，他甚至故意在多處住宅移動以混淆敵方注意力。他更深藏自己的生活，有人說他擁有巨額財產，還參與販賣鴉片，但連蔣介石都沒抓到任何把柄。他還擁有神奇的逃脫術，一次次在暗殺和追捕中化險為夷。

這樣一位神秘莫測的人物，最終神秘地消失了。

當戴笠還「空中飛人」似地為蔣介石政府賣命時，一枚定時炸彈悄悄安裝在他的座機上，機上所有人員全部遇難。飛機失事，是近現代謀殺高級人物的慣用手段，只可憐那本不該死的駕駛員和隨從們。

戴笠之死當然與蔣介石有關。

一九四二年，軍統局成立十周年紀念大會，展現出來的強大實力讓蔣介石對戴笠憂心忡忡。戴笠對蔣介石勞苦功高，卻甘願位居內部任命的少將副局長，在蔣介石面前從未說過不字，但這只是表面功夫，戴笠對蔣介石認識到位，沒想過取代但想過接替。當蔣介石開始戒備並一步步採取措施後，戴笠深感恐懼的同時也暗中採取應對措施。

一面整肅軍統表示忠心、不給蔣介石留下口實，一面借助國民黨內實力人物作為自己的幫襯。

當蔣介石以共黨要求取締軍統為由步步削弱軍統勢力時，戴笠加快了步伐，盡可能的安頓軍統分子保存實力，並仰仗美國人謀取海軍司令的職位。

這些對於蔣介石來說尚可接受，但多年對軍統耿耿於懷的黨政軍大員們卻不幹了，一致要求剷除軍統和戴笠，並展開了一系列的活動。

戴笠的神秘之死有了充足的條件，與之有仇的人彈冠相慶，但蔣介石卻高興不起來，隨著國共內戰爆發，蔣介石很快感覺到沒有戴笠的虛空，也再次為他「國民黨是被自己打倒的」這一論斷增加了論據。

後記

一個人汲汲窮年，要總結自身失敗的原因都非常困難，何況要尋找一個政黨失敗的理由？

面對好像洋洋灑灑的十萬餘字書稿，筆者有誠惶誠恐、如履薄冰之感。首先，個人才疏學淺，在歸納觀點之時難免失之偏頗；其次，史冊浩瀚、良莠參差，爬梳工作實在相當艱難；再者，無數史學、政治學大家已有先論，難以發新聲和高論。因此，此書僅作為引玉之磚，從主義、黨權、治政、經濟、軍事、文化、外交、特務和用人九個方面對國民黨的自身成長和執政做一次歸納總結，試圖從歷史的深處找到國民黨曾經犯下的錯誤。

如果此書有幸被臺灣和大陸執政黨或在野黨讀到，希望能為之提供前車之鑑，有則改之、無則加勉，避免執政或參政議政重蹈覆轍；一切政黨都應以人民福祉計，以民族復興計，立足民生，兢兢業業，不負泱泱選民之厚望。

此書當然能成為一本不錯的歷史讀物，讀者可以輕輕吹散已消淡的烽煙，回溯數十年前的史錄和故事，與筆者一起領略翻曬記憶的快感，消弭本不應存在的恩怨情仇，明鑑波光雲譎的當今政治態勢。同時，我們不難發現，政黨的誕生、興衰和消長與一個人的出生和成長有相似的歷程：我們有自己的「主義」——人生理想，有「治政」——經營事業、家庭和生活，有「用人」——交朋結友、待人接物等；因此，將此書作為一本人生勵志讀物，作為個人成長的借鑑也是不錯的選擇。

本書說的都是國民黨的錯處和不足，但國民黨在大陸統治二十二年，如在外交努力、憲政啟蒙、為民引進、文化發展等不少方面，其成就還是可圈可點。蔣介石本人從一介武夫成為國家元首，其過人之處和歷史功績不失為一代偉人稱號，因此，在閱讀此書時切忌以偏概全、厚此薄彼。

此書如能引領大家更關注歷史，關切國家和民族，關心人生，筆者將當功莫大焉。

古學今用 166

1949,
國民黨敗給
共產黨的100個原因

海鴿文化出版圖書有限公司
Seadove Publishing Company Ltd.

作者　羅松濤
美術構成　騾賴耙工作室
封面設計　九角文化設計
發行人　羅清維
企畫執行　林義傑、張緯倫
責任行政　陳淑貞

出版　海鴿文化出版圖書有限公司
出版登記　行政院新聞局局版北市業字第780號
發行部　台北市信義區林口街54-4號1樓
電話　02-27273008
傳真　02-27270603
網址　www.seadove.com.tw
e－mail　seadove.book@msa.hinet.net

總經銷　創智文化有限公司
住址　新北市土城區忠承路89號6樓
電話　02-22683489
傳真　02-22696560
網址　www.booknews.com.tw

香港總經銷　和平圖書有限公司
住址　香港柴灣嘉業街12號百樂門大廈17樓
電話　（852）2804-6687
傳真　（852）2804-6409

CVS總代理　美璟文化有限公司
電話　02-27239968　e－mail：net@uth.com.tw

出版日期　2023年11月01日　三版一刷
定價　350元
郵政劃撥　18989626戶名：海鴿文化出版圖書有限公司

國家圖書館出版品預行編目資料

1949，國民黨敗給共產黨的100個原因／羅松濤著--三版，
--臺北市：海鴿文化，2023.11
面；　公分.　－－（古學今用；166）
ISBN 978-986-392-505-7（平裝）

1. 中華民國史　2. 中國國民黨　3. 中國共產黨

628　　112017018

Sendove